人事制度活用の"勘どころ"

目標による管理・人事評価はうまくできてますか?

(学)産業能率大学総合研究所
人事システム開発プロジェクト 編著

はじめに

　1945年の終戦から今年で満70年が経過しようとしています。その間、日本の産業界の人事制度は年功主義、能力主義、成果主義と時々の経営環境を背景に構築、活用が進められてきました。特に、成果主義は、1991年のバブル崩壊後、年功賃金の是正を目的に、目標による管理を中心として成果を評価して処遇を決定する仕組みとして一気に導入が進みました。その後、20数年が経過する中で、「行きすぎた成果主義の是正」といった修正を加えながらも、今日でも成果主義は、産業界の人事制度のベースとなる考え方や仕組みとなっています。

　このように、その時々の経営環境によって人事制度の考え方は大きく変化し、また、企業は、都度の修正を加えながら制度を活用してきましたが、戦後70年間の人事制度には共通点があります。それは、年功や能力や成果といった評価指標を昇給や賞与といった「処遇」に結び付けることに活用の重点が置かれてきたことです。

　一方、現在の経営環境は、少子高齢化に伴う労働力人口の減少、グローバル化の進展に伴い、国内外での競争が激化しています。また、非正規社員の増加、高齢者雇用安定法の改定にともなうシニア社員の増加等に伴い雇用形態の多様化が進み、画一的な仕組みでは対応が困難な状況になっています。これらの経営環境の変化をふまえると、これからの人事制度は、処遇を決定することだけに活用の重点を置くのではなく、全社の業績向上に向けて所属する組織の目標達成に貢献できる人材の育成や活用も重視しなければなりません。

　筆者である私たちは、さまざまな企業や組織において、「組織貢献」を促

進する視点から人事制度の構築と活用を支援してきました。本書では、そのコンサルテーションや企業内研修といった実践の場で培ってきた「人事制度を組織貢献に向けて機能させるための実務ノウハウ」を体系的に解説しています。

　本書の目的は、大きく2つあります。ひとつは、管理職が、組織貢献に向けて目標設定（Plan）・進捗管理（Do）・評価（Check）・フィードバック（Action）というマネジメントサイクルをしっかり回すための活用のポイントを解説することです。もうひとつは、経営層や人事スタッフの方々に向けて、次世代を担う人材の選抜と育成について人材アセスメントに基づく活用の方法と事例を提供することです。

　第1章は、環境変化が激しく少子超高齢化が進む中で、昇給や賞与といった処遇のための人事制度の活用から、組織貢献に向けて人事制度を活用する重要性を提言しています。

　第2章と第3章は、組織貢献に向けた管理職による人事制度を活用する改善のポイントを実践的に解説しています。具体的には、Plan → Do → Check → Action のマネジメントサイクルに沿って、第2章は目標設定（plan）、第3章は進捗管理（Do）と評価（Check）、フィードバック（Action）の活用のポイントについて解説をしています。また、さまざまな演習問題を挿入しており、皆さんの問題意識と対比しながら読んでいただくことによって理解を深める工夫もしています。

　第4章は、昇格や役職任用といった人材の選抜や育成のあり方について解説をしています。会社の屋台骨を担う人材の選抜は過去の人事評価の結果だけで決めることはできず、新しい役割を担えるのかどうかを客観的に評価しなければなりません。そこで、人材選抜と育成に向けて人材アセスメント（特にアセスメントセンター方式）について事例を中心に解説をしています。

　本書は、第1章から順番に読んでいただいてももちろん結構ですが、読者の皆さんの関心があるテーマについて、どの章から読んでいただいても結構

はじめに

です。一方、人事制度の構築や活用には各社各様の考え方があり、ただひとつの正解があるわけではありません。本書は、筆者である私たちが提案してきた考えや事例をベースに実務で人事制度を活用できるように解説しています。これらが少しでも皆さんのご参考になれば幸いです。

2015年2月

執筆者一同

もくじ

はじめに

第1章　組織貢献に向けて人事制度を活用する時代　1

第1節　成果主義の次は何主義か ─── 2
1．産業界の人事制度の変遷 ………………………… 2
2．成果配分から組織貢献にシフト ………………… 4

第2節　組織貢献を促進する人事制度の活用 ─── 9
1．成果開発の側面 …………………………………… 11
2．人材育成の側面 …………………………………… 13

第3節　評価は短期的評価と中長期的評価の違いを意識する ── 16
1．短期的評価：組織貢献に向けた人事評価 ……… 17
2．中長期的評価：組織貢献に向けた人材選抜 …… 19

第4節　人事制度の活用に向けて ─── 22

第2章　目標による管理の活用　25

第1節　マネジメントツールとしての目標による管理 ─── 26
1．現在の目標による管理の位置づけ ……………… 26

2．目標による管理を活用するうえでの問題点 ………………… 27
　　3．成果開発と人材育成に貢献する目標による管理 …………… 29
　　4．PDCAサイクルの基本的な流れ ……………………………… 31
　　5．評価の納得性に向けたポイント ……………………………… 35

第2節　部門目標をふまえた課題設定 ── 38
　　1．課題形成の手順 ………………………………………………… 38
　　2．コンセプチュアル・スキルの重要性 ………………………… 39
　　3．課題形成のためのポイント …………………………………… 41
　　4．環境分析の糸口 ………………………………………………… 45
　　5．ありたい姿を描くことの重要性 ……………………………… 46
　　6．ありたい姿を考えてみよう …………………………………… 48
　　7．課題の抽出 ……………………………………………………… 50
　　8．課題の整理と優先順位づけ …………………………………… 52

第3節　組織目標の具体化 ── 56
　　1．目標とは何か …………………………………………………… 56
　　2．目標設定の枠組み ……………………………………………… 57
　　3．組織目標の具体化ポイント …………………………………… 59

第4節　メンバーへの落とし込み ── 69
　　1．メンバーを理解、納得させるためのポイント ……………… 69
　　2．人を動かすコミュニケーション ……………………………… 75
　　3．組織運営力を高めるために …………………………………… 78

第5節　メンバーの目標のチェック・承認 ── 82
　　1．目標チェック場面での悩み …………………………………… 82

2．目標設定面談の位置づけ ……………………………………… 83
3．目標設定面談の実施ポイント ………………………………… 84
4．目標のチェックポイント ……………………………………… 86
5．目標設定のレベルアップに向けて …………………………… 89

第6節 総合演習 ―――――――――――――――――――― 92
1．目標設定シートをチェックする ……………………………… 92
2．こんなとき、どうする ………………………………………… 97

第3章 人事評価制度の活用　　103

第1節 評価制度の活用目的 ――――――――――――――― 104
1．評価制度の活用面で見られる問題点 ………………………… 104
2．マネジメントとしての評価 …………………………………… 108

第2節 人事評価の基本原則をふまえた活用 ―――――――― 112
1．評価の基本原則とは …………………………………………… 112
2．評価の基本原則をふまえてマネジメントを実践する ……… 119

第3節 マネジメントとしての進捗管理の実践 ――――――― 121
1．進捗管理のポイント …………………………………………… 121
2．自己説明責任（セルフ・アカウンタビリティ）によりメンバーの
　自立を促進 ……………………………………………………… 125
3．期中のマネジメントとして管理職が意識すべき3つの視点 …… 130

第4節　評価制度の活用の勘どころ ── 136
1．絶対評価と相対評価の意味を理解する ･････････････ 136
2．成果評価のポイント ････････････････････････････ 138
3．行動評価のポイント ････････････････････････････ 143
4．評価を通じたメンバーの指導・育成 ･･････････････ 155
5．評価のバラツキを圧縮する方法 ･･････････････････ 166

第5節　納得性の向上と人材育成を促進するフィードバック ── 169
1．本音はフィードバックをしたくない ･･････････････ 169
2．不安や葛藤が生じる理由 ････････････････････････ 172
3．フィードバックの2側面 ････････････････････････ 173
4．フィードバックの実施ポイント ･･････････････････ 176
5．フィードバック面談の押さえどころ ･･････････････ 180

第4章　人材選抜・育成に向けた人材アセスメントの活用
187

第1節　人材アセスメントとアセスメントツール ── 188
1．人材アセスメントの役割と位置づけ ･･････････････ 188
2．人材アセスメントの種類と活用方法 ･･････････････ 190

第2節　アセスメントセンター方式とその展開方法 ── 194
1．アセスメントセンター方式の概要 ････････････････ 194
2．アセスメントセンター方式の特徴と評価項目 ･･････ 198

第3節 アセスメントセンター方式結果データから見える人材の課題 ―― 204

1. アセスメント受検者に見られる強みと弱みの傾向 ……………… 204
2. アセスメントデータを活用した人事施策への展開事例 ………… 207
3. 導入企業の人事部、受検者、上司から寄せられた声 …………… 212

第4節 人材育成、成長を支援するプレ・フォロー研修の展開事例 ―― 218

1. 報告会がアセスメントフォロー研修設計のきっかけとなる …… 218
2. アセスメント研修をサポートする基本フレームと研修一覧 …… 220
3. アセスメントプレ研修からフォロー研修、ワークショップまでの展開図 …………………………………………………………… 221
4. 研修、ワークショップのプログラム内容の事例 ………………… 222

第5節 自己革新に向けた行動計画の実践 ―― 231

1. 行動計画の実践とフォロー …………………………………………… 231
2. 行動計画作成のポイント ……………………………………………… 233
3. アセスメント結果の全社的な活用 …………………………………… 237

索　引 …………………………………………………………………………… 246

第1章

組織貢献に向けて人事制度を活用する時代

第1節
成果主義の次は何主義か

1. 産業界の人事制度の変遷

「成果主義の次は何主義か？」。戦後の産業界の人事制度は、その時々の日本国内の経営環境を背景に年功主義、能力主義、成果主義といった、「○○主義」というキーワードのもとに画一的な仕組みとして構築や活用がなされてきました（図表1－1参照）。

●図表1－1　産業界の人事制度構築の流れ●

年功主義（1945年頃～）	・長期雇用のニーズが労使間で一致したことが背景 ・賃金体系例：年齢給＋勤続給	人基準 ↑
能力主義（1971年頃～）	・低成長やポスト（役職位）不足が背景 ・賃金体系例：年齢給＋職能給	
成果主義（1991年頃～）	・バブル崩壊後の費用（コスト）削減が背景 ※年功賃金の是正 ・賃金体系例：成果給（業績給）	↓ 仕事基準

「年功主義」は、1945年の終戦を起点に戦後の復興期から高度経済成長期に向けて「経営者サイドの労働力の安定確保」と「労働者サイドの雇用の場と賃金の安定確保」という長期安定雇用のニーズが労使間で一致したことが背景となって生成しました。その結果、賃金も長期安定雇用を前提に年齢給や勤続給を基本給とした、年功型の賃金体系がつくりあげられたのです。

「能力主義」は、経済の成熟化が進む中で1971年のドルショックやその後の2度のオイルショックを経験する中で、低成長やポスト（役職位）不足を背景に導入が進んだ制度です。能力主義の代表的な仕組みである職能資格制度は、職能等級定義や職務要件書をベースにした資格等級制度や複線型の管理・専門・専任職制度から構成されています。特徴として、ポストと資格等級を分離させ、ポストに代えて参与や参事といった資格呼称を付与し昇格運用を通じて社員の処遇やモチベーションを維持・向上することがねらいでした。また、仕事のできばえや成果ではなく、職務遂行能力を重視した「人」基準の人事制度でした。基本給は年齢給と職能給の併存給体系が一般的で、経験を重ねることで能力は高まるとの考え方に立ち、職能給も実態として年功給的な運用に陥りました。

　「成果主義」は、1991年から始まったバブル崩壊とその後の長期的な不況という大きな環境変化の中で、一言でいえば企業の生き残りを背景に生まれました。日本経済の状況はインフレからデフレへ、産業界の業況は低成長さらにマイナス成長へとシフトする中で、経費（コスト）に占めるウエイトが大きい人件費にメスを入れざるを得なくなったのです。特徴は、目標達成という成果に基づいて処遇（昇給、昇格、賞与等）を決める点にあり、人事制度は、年功や能力といった「人」基準から成果がどれだけあったのかという「仕事」基準に転換しました。

　以上、年功主義から成果主義に至るまでの流れを簡単に確認しましたが、戦後から現在に至る70年間の産業界の人事制度は、「賃金を決定する際に何を重視して評価をするのか」という「成果配分の視点」から制度の活用が行われてきたことが共通点です。賃金決定の際に年齢、勤続、学歴、性別を重視した年功主義、能力を重視した能力主義、成果を重視した成果主義という形で、○○主義は賃金決定の際に、何を重視して評価をするのかという視点から呼称がついたともいえます。また、賃金の決定に重点が置かれているため、年功主義といえば年功主義賃金制度、能力主義といえば能力主義賃金制

度、成果主義といえば成果主義賃金制度、と広く理解されています。

2. 成果配分から組織貢献にシフト

　人事管理とは経営資源における人的資源（人材）を有効に活用して組織目標を達成するための諸活動です。また、人事制度はその実践のための活用の仕組みです。

　成果主義の導入開始から20数年が経過しましたが、人事管理や人事制度に影響をおよぼす現在の主な経営環境の変化として、以下の点が挙げられます。

（1）労働力人口の減少

　労働力人口とは、総務省の労働力調査において、満15歳以上の人口のうち、非労働力人口（学生、家事従事者、高齢者等）を除いた、就業者と完全失業者（就業していないが就職活動をしている失業者）の合計ですが、少子高齢化の進行に伴い、労働力人口は減少する傾向にあります（図表1－2参照）。

　全体として減少傾向にある中で、特に15歳から59歳までの現役世代の合計値をバブル崩壊直前の1990年を基準にして、2012年および2020年推計値を比較すると、1990年の5,652万人から2012年には5,320万人と332万人（5.9%）の減少、2020年には5,261万人と391万人（6.9%）も減少します。

　2008年のリーマンショック後、新卒採用を抑制する企業が多く見られましたが、長期的な視点に立てば、現役世代の労働力人口は確実に減少するわけであり、目先の好不況で採用数を増減させるようなこれまでのその場対応をしていては、事業を継続的に成長するために必要な人材確保が困難になることは明らかです。ここへきて新卒採用の動きが活発化したり、非正規社員の正社員化やパート・アルバイトの時給の引き上げなど人材確保に積極的に取り組む企業が増加してきましたが、中長期的な視点から人材戦略を描くことが求められます。

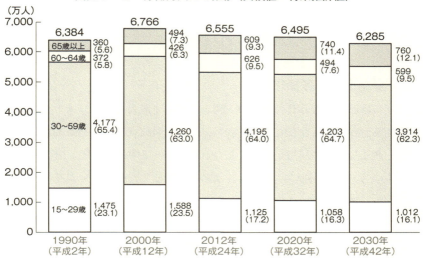

●図表1－2　労働力人口の推移（実績値・将来推計値）●

資料：1990、2000、2012年の総務省統計局「労働力調査」、2020年、2030年はJILPT（独）労働政策研究・研修機構「平成25年度労働力需給の推計」。
　　　厚生労働省ホームページ　http://www.mhlw.go.jp/wp/hakusyo/kousei/14-2/dl/01.pdf　より

　また、労働力人口が減少する中で、将来的に若年労働者の採用が困難になると予測される以上、既存の社員を育成して、その力を引き出すことが、今まで以上に重要な経営課題となることは間違いありません。

（2）グローバル化の進展

　資本主義経済は成長を前提としていますが、少子高齢化や労働力人口の減少は、子供や若者あるいは現役世代を対象にした国内の既存市場の縮小につながります。市場が縮小すれば、少ないパイを奪い合うことになり必然的に国内の競争は激化します。そこで、市場を海外に求めるグローバル化が急速に進展しています。これまで経験したことがない状況の中で、海外企業と競争をしながら業績を向上させるために、M&Aなど新たな経営戦略の構築やその実践に向けての意思決定の迅速化、現場への権限委譲、現地スタッフの

育成・活用等、経営課題は山積しています。人事管理においても、これらの経営課題を解決し海外市場で業績を上げることができる人材の選抜や育成、活用が重要かつ緊急の課題となっています。

(3) 雇用形態の多様化

　バブル崩壊後、人件費の削減の一環として、正社員の人的リストラを実施する企業が多く見られました。その結果、正社員に代わって相対的に人件費の低い非正規社員の雇用が進みました（図表1－3参照）。特に1995年から2005年までの10年間に非正規社員は急速に増加し、その後も現在に至るまで緩やかに増加しています。

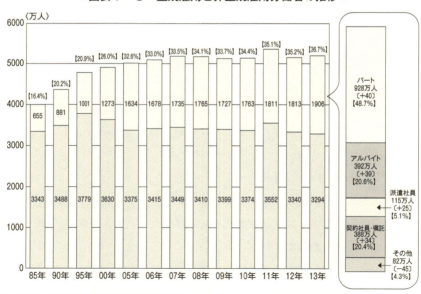

●図表1－3　正規雇用と非正規雇用労働者の推移●

資料出所：総務省「労働力調査（特別調査）」（2月調査）及び総務省「労働力調査（詳細結果）」（年平均）長期時系列データ
　　　　　厚生労働省ホームページ　http：//www.mhlw.go.jp/stf/seisakunitsuite/bunya/0000046231.html より

また、労働力人口は全体では減少するものの、高齢化に伴い60歳以上では増加傾向にあります（図表1－2参照）。1990年は、60歳以上が732万人でしたが、これに対して2012年には1,235万人に増加、2030年予測値では、1,359万人となり、60歳以上のシニア社員が確実に増加していきます。このように、職務遂行の大半を現役世代の正社員で対応してきた状況から、職務内容や人件費対成果に応じた人材の活用が進み、雇用形態の多様化が進んでいます。
　ここまでをふまえると、人事管理上の重要課題として以下の点が指摘されます。

> ★人事管理上の重要課題
> 若年層や働き盛りの労働力人口が今後確実に減少する中で、日本の国内外で新たな経営戦略を展開し、全社の業績向上に貢献ができる人材の採用、育成、動機づけ、活用、評価、処遇を総合的に実践すること。

　年功主義から成果主義までの人事制度は、賃金を決定する際に、成果配分の視点から制度の活用が行われてきたことを解説しました。しかし、これからの人事制度は、配分の視点ではなく、自らの職責、役割、等級をふまえて、組織の成長に向けて力をつくして貢献する人材を育成、活用することが特に重要です。そのためには、横並びかつ画一的な○○主義への後追的な対応ではなく、自社の人事制度を今後どのように構築し活用するのか、自社の経営戦略に基づき経営層が主体的に考え、意思決定を行い、強いリーダーシップを発揮して、社員の行動変革を促す取り組みが必要です（図表1－4参照）。
　もちろん、公正かつ納得性の高い評価と処遇の実現も大切であり、組織貢献だけを意識する必要があるといっているのではありません。組織を船にたとえると、船が沈もうとしているときに、船上で船員の給与配分の相談をしても話にならないということです。まずは船員の力を最大限に引き出して沈

没を防ぎ、目的地まで無事にたどり着くことが最優先課題であり、それをバックアップする仕組みが人事制度ということです。目的地まで無事にたどり着けば、航海中の組織貢献度（働き具合）を公正に評価して給与や賞与を配分することは大事ではありますが、優先順位を間違えては無意味になります。

●図表１－４　経営環境の変化と人事制度の活用の視点●

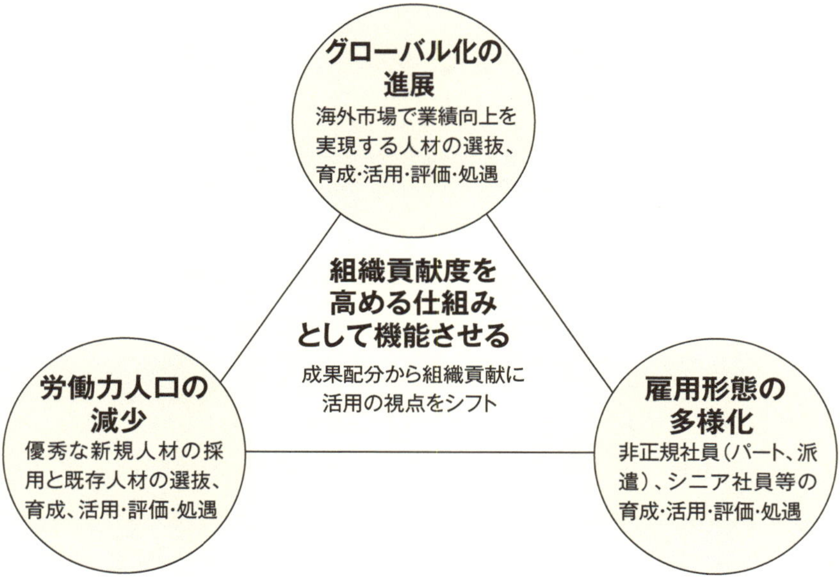

グローバル化の進展
海外市場で業績向上を実現する人材の選抜、育成・活用・評価・処遇

組織貢献度を高める仕組みとして機能させる
成果配分から組織貢献に活用の視点をシフト

労働力人口の減少
優秀な新規人材の採用と既存人材の選抜、育成、活用・評価・処遇

雇用形態の多様化
非正規社員（パート、派遣）、シニア社員等の育成・活用・評価・処遇

第2節
組織貢献を促進する人事制度の活用

　人事制度は、組織貢献度を高める視点から制度を活用することが重要であると強調しましたが、その具体的な内容は以下の通りです。

　マネジメントとは、人・物・金・情報という経営資源を有効に活用して組織目標を達成するための諸活動です。組織貢献を促進する人事制度は、マネジメントの Plan → Do → Check → Action のサイクル（以下 PDCA サイクル）をしっかりと回す仕組みと人事制度の活用フローが重要です（図表1－5参照）。

　具体的には、以下の人事制度活用のプロセスをふまえて人事制度が組織貢献を促進する仕組みとして機能するように構築、活用することが求められます。

◆人事制度活用のプロセス

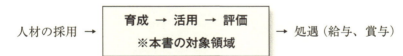

　特に、本書は、管理職の人事制度の活用に資することを重点目的としているため、人事制度活用のプロセスの中でも、管理職による「育成→活用→評価（人事評価・選抜）」に焦点を当てて解説をしていきます。

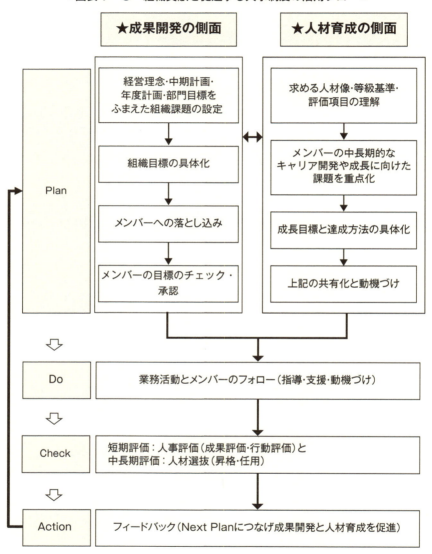

●図表1-5　組織貢献を促進する人事制度の活用フロー●

1. 成果開発の側面

　現在、多くの企業では目標による管理を導入しており、制度そのものは構築されているといえます。目標による管理は、メンバー各人の職責、役割、等級をふまえて、業績向上に向けて達成すべき各人の成果を明確にして、自主的に PDCA サイクルを回す仕組みであり、組織貢献を促進する上で中核となる仕組みと位置づけられます。目標とは、ある一定期間内に達成すべきものと定義できますが、メンバー各人が目標を持つことによって、自らの能力をその達成に向けて発揮することが求められます。まさに人材の力を引き出して活用する代表的な仕組みといえます。

　一方、各社の人事制度の活用面を見ていくと、制度をうまく使いこなせていないのが現状です。そういう意味では、新たな制度を構築するのではなく、成果主義の名の下で導入をした目標による管理や評価制度を「成果配分」から組織貢献を通じた「成果開発」へ活用の舵を切ることが重要なポイントです。

　ここでは、組織貢献度を高めるために目標による管理を機能させるための活用ポイントを以下に整理します。

（1）活用の基軸を組織目標に置く

　目標は、メンバーの主体性を重視して設定しますが、任意に設定するものではありません。経営理念→経営戦略→中期計画→年度計画→組織目標の達成に貢献するために、各人が役割をふまえて最も注力すべきことを目標として設定することが求められます。

　経営理念は、企業経営を通じて何を最高の経営価値概念とするかを明文化したものです。企業は、経営理念の実現を目指して経営されていくことになりますが、経営戦略は、そのための方向性の大枠となります。中期計画や年度計画は、その経営戦略を具体化するために経営層が中期および年度で取り組むべきことをまとめた企業成長・競争優位に関する計画書です。また、組

織目標は、上位に位置づけられる経営理念、経営戦略、中期計画、年度計画の実現に向けて組織として注力すべき課題を見出して目標として具体化しなければなりません。

メンバーの組織貢献度を高めるための目標による管理は、その前提である組織目標が的確かつ挑戦的な内容になっていることが必要です。当然と思われるかもしれませんが、多くの企業の目標による管理を確認すると、組織目標が極めて抽象的な内容で毎年同じような内容であったり、個人の目標による管理のみに重点が置かれているケースも見られます。成果開発を促進する目標による管理を実践するためには、まずは、管理職が設定する組織目標を的確かつ挑戦的なものにしなければなりません。組織目標が挑戦的であるからこそ、それをブレークダウンした個人目標も挑戦的な内容になっていくのです。

定型業務を担当しているメンバーの目標が立てづらいということがよく問題視されますが、その前に管理職が的確かつ挑戦的な組織目標の設定ができているか否かに関心を向けるべきです。また、組織目標と個人目標をつなげるためには、次の段階としてメンバーとしっかりコミュニケーションをとりベクトルを合わせることが必要です。これが目標による管理の活用の成否を決めることになります。

(2) マネジメントとしての進捗管理を実践する

筆者である私たちが、コンサルティングや研修を通じて把握した目標による管理の活用に関する代表的な問題点のひとつに、進捗管理ができていないということが挙げられます。管理職にその理由を尋ねると、業務が多忙な中で、目標の進捗管理まで対応する余裕がないとのことです。しかし、理由は、それだけではありません。すでに解説をしたように単に成果配分のための仕組みとしてしか認識していないので、評価の時期が来たら達成度を確認して点数を決めればよいという理由で、進捗管理がおざなりにされるのです。例えば、営業系の社員の場合、売上や利益などの予算数値が目標になるケース

が一般的ですが、上司は、達成状況を把握して未達成のメンバーに対して、「何とか達成できないのか！」「頑張れ！」と叱咤激励し、あとは期末に達成度を確認するだけの活用が多く見られます。

　競争が激化している国内外の市場において、上記のような対応で済ませていては競争に勝つことはできません。メンバーの目標達成に向けた取り組み状況を把握して、その是非を判断し、次に向けての課題形成や対策を立案するとともにメンバーに対して指導、助言、支援、動機づけを行うこと、つまり、マネジメントとしての進捗管理を実践することが不可欠です。

(3) 評価結果を分析して次の成長につなげる

　評価は、評価基準に基づいて公正に評価することが必要であることはいうまでもありません。大切なことは、目標の達成状況としての結果を確認して評価して終わりではなく、目標の達成、未達成の原因を追及して次の目標設定や行動計画に活かすことです。未達成であった場合、その原因は何か、次期は未達成としないためにはどのような対応をすべきかについて、まずは、自己評価を通じてメンバー自身に振り返りをさせることが必要です。メンバーの主体性を引き出すためにも、本人に反省を促し、次に向けての課題を認識させ、その課題を今後の目標設定に結びつけていくことが重要です。また、未達成であった点や不十分であった点だけではなく、達成できた点やよい点、仕事の達成感についても確認して、次につなげていく取り組みが成長を促進する上で欠かせません。

2. 人材育成の側面

(1) 求める人材像や等級基準をふまえて指導、育成をする

　環境変化に対応して新たな成果を生み出し続けていくためには、それを実現できる人材を継続して育成することが必要です。そのために、人事制度に

おいて、社員に求める「人材像」を明確に設定することも大切です。これから求める人材は、従来の延長線上にはないことを社員に強く意識させることが必要です。求める人材像の例としては、「変革を促進、チャレンジを恐れない、自ら考え行動する、創造力を発揮する、グローバルの視点で考える」などのキーワードが挙げられています。管理職は、メンバーが求める人材像に近づくように指導、育成を行うことが求められるのです。

　等級制度は、等級に応じた成果や行動を追求し処遇につなげる人事制度の活用の基軸となる仕組みです。等級に求める能力や役割などの要件を定義したものが等級基準ですが、人材育成を促進するためには、メンバーが格付けられた等級だけではなく、上位の等級に求められる要件を遂行できるように指導、育成することが重要です。現在の格付け等級に求められるレベルで満足しては成長が止まってしまいます。特に、人材育成は、メンバー各人がこれからどのような経験を積んで成長をしていくのかという中長期スパンのキャリア開発を考えることも重要です。

　しかし、求める人材像や等級基準が、抽象的であるとの批判もよく見受けられますが、これは、全社員に対して共通して期待する内容を記述したものであり、ある程度は抽象的になることはやむを得ません。人事制度を活用するのに、求める人材像や等級基準を読めば、自動的に指導、育成すべきポイントがわかるわけではありません。求める人材像や等級基準に求められる要件を満たすためにどのような能力を習得し発揮することが必要かは、組織からの要求をふまえ、人事評価を通じて上司とメンバーの問題意識を相互に擦り合わせて導き出すものです。

（2）評価の振り返りを通じて成長目標を明確にする

　成果が出せた、あるいは出せなかった原因は、取り組み過程の行動にあります。そこで、メンバーの日々の行動側面について、どのような点が期待どおりで、どのような点が不十分であるのかを期待する人材像や等級基準もふ

まえた上で、多面的に検証して、次期の指導や育成につなげることが必要です。具体的には、評価を通じてメンバーの強みと弱みを明確にして成長目標を設定します。

　実務で人事制度を活用するには、個々人の成果目標の設定と同時並行して成長目標の設定を行い、メンバーと共有化し、動機づけます。個々人の成果目標を意識していても、成長目標が欠けていては人材育成は図れません。

（3）価値ある経験を通じて成長を促進する

　さまざまな本を読むことを通じて知識を習得することは大切なことですが、知識を習得するだけでは成長につながりません。メンバーが成長をするためには、これまでにない価値ある経験を積むことが必要です。できる人にできることを任せていれば間違いはないのかもしれませんが、それでは、メンバーの成長につながりません。

　例えば、リーダーシップの発揮が弱いメンバーに対して、リーダーシップに関する本を読んで知識を習得させることは大切です。しかし、それだけではリーダーシップを高めることはできません。実際にリーダーシップを発揮する経験が必要です。そこで、プロジェクトチームのリーダーを担当させるなどしてリーダーシップを発揮せざるを得ない状況をつくるのです。メンバーは、悪戦苦闘しながらもリーダーとしての経験を積むことによって能力が高まります。このように、管理職にはメンバーの成長に向けた価値ある経験を積むことができる機会を考え、提供することが求められます。そのための方法としては、成果目標の達成に向けて本人がこれまで経験をしたことがないことに挑戦させることが効果的です。これらを通じた経験がメンバーの成長を促進することになります。

第3節
評価は短期的評価と中長期的評価の違いを意識する

　評価はメンバーの「職務遂行結果」と「処遇」をつなぐ機能を果たしますので、人事制度活用の柱といえます。ここでは、評価の活用について短期的評価と中長期的評価の2つの側面について解説します。
　短期的評価とは、成果評価や行動評価といった評価対象期間を設定して振り返りをする人事評価のことです。1年または半年の評価対象期間の成果や行動を評価するので短期的評価になります。また、評価対象期間が終了した後に評価をするため「事後評価」と呼びます。
　一方、社員の昇格や役職任用といった人材選抜に向けた評価は、中長期的

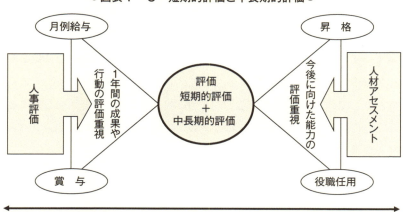

●図表1-6　短期的評価と中長期的評価●

なスパンで行いますので中長期的評価と呼びます。人材選抜に向けた評価は、人材アセスメントという手法が代表例になります。アセスメントとは、「事前評価」という意味がありますが、アセスメントと聞くと、環境アセスメントを思い描く方も多いと思います。環境アセスメントとは、地域開発が環境におよぼす影響の内容や程度を事前に調査、予測、評価を行い、環境を保全するために必要な措置の検討をし、適正な配慮を行うための仕組みです。これに対して、人材アセスメントとは、人材を選抜するにあたり、その人物の能力や資質を事前評価するための仕組みです（図表1－6参照）。

1．短期的評価：組織貢献に向けた人事評価

（1）新たな挑戦に対する失敗を許容する

　これからの人事評価を考えるに際しては、国内環境に留まらず、グローバルな環境変化をふまえた制度構築や活用のあり方を追求することが課題となります。例えば、海外企業との競争に勝つためには、今まで以上に「知恵の創出」や「創造力の発揮」が不可欠となります。しかし、人件費の圧縮や年功賃金の是正という成果配分の側面ばかりに意識が奪われ、短期的な成果を追求する仕組みによって、社員は将来に向けて挑戦するどころか、萎縮する状況すら見受けられます。

　経験したことがない未知のテーマへの挑戦には、試行錯誤やリスクが伴います。この際、新たな挑戦に対する失敗を許容できない評価制度では、社員は挑戦をしなくなり、結果として競争に負けるという悪循環に陥ります。売上や収益等の予算数値を追求すること自体は当然ですが、予算数値を重視するからこそ、その実現に向けて新たな智恵や創造力を発揮して挑戦を促し、その取り組みの事実を評価する仕組みが必要です。予算数値の実現に向けて挑戦的な目標を設定し、その遂行事実を評価することが今後の課題です。もちろん経営上は、リスクマネジメントの視点でリスクを見積もり、許容でき

る範囲を明確にしておく必要があります。

（2）プロセスを重視する

　行動変革を促進するためには、目標の達成に向けて、プロセス（目標達成過程）でチャレンジする課題の設定と取り組みが鍵を握ります。目標による管理において、目標を数値化することばかりが意識され、目標達成に向けたプロセスは二次的な位置づけ、あるいは無意識になっていないでしょうか。

　プロセスで課題を追求することは、特別なことではありません。例えば、大学合格を目標とする高校生がいたとすれば、「目標とする大学に合格するために、英語の偏差値を〇〇まで上げる。また、そのために１ヶ月で問題集を仕上げる」といった、自分の強みや弱みをふまえた具体的なチャレンジ課題を明確にして、日々努力をしています。それが企業における目標設定になると、「〇〇億円の達成」だけでプロセスの課題を省いた内容も散見されます。「高校生の目標と社会人の目標とでは、次元が違うではないか」との指摘もあるかと思いますが、高校生ですら自分の目標達成に向けて具体的な課題にチャレンジしているのです。まさにチャレンジ目標とは、プロセスでチャレンジする課題を顕在化しているものといえるでしょう。場合によっては、プロセスでチャレンジする課題を発見しただけでも高く評価できるケースもあるかもしれません。結果を重視するからこそ、その達成に向けたプロセス重視の視点を持つことが大切です。

（3）人材育成の視点から活用する

　人は経験を通じて成長します。過去の経験の蓄積で対応できることだけに取り組んでいては、成長は止まってしまいます。大事なことは、新たな価値ある経験という「質」が重要になります。上記の「プロセス重視の視点」に基づけば、プロセスでチャレンジする課題への取り組みが新たな経験につながります。過去において自身が大きく成長したときのことを思い出してみてく

ださい。そのときは、自分にとって未経験の課題に挑戦して試行錯誤の取り組みをしたのではないでしょうか。

一方で、人事評価は人材育成を目的に実施するものといわれながらも、実際の活用を見ると、単に昇給額や賞与を決定するための査定手続きで終わっているケースが多いのではないでしょうか。プロセスでチャレンジする課題への取り組みを検証することによって、メンバーの指導・育成ポイントが把握できます。人事評価はプロセスの取り組みを検証し、次に活かすことでメンバーの成長を促すことが大切なポイントになります。

「当社の人事制度を活用するには負荷がかかり過ぎる」という意見を聞くことがありますが、このような意見は、社員の成長を促進し、付加価値を生むための負荷と認識できていないことから生じています。

2. 中長期的評価：組織貢献に向けた人材選抜

（1）人材選抜は人材アセスメントを活用

人材選抜に向けた評価は、人事評価の蓄積だけでは判断できません。これまでの役割において評価が良かったとしても、今後、一段高いステージ（等級、役職等）の役割を担えるかどうかを証明しているものではないからです。例えば、一般社員として職務遂行は確実に実施できたとしても、管理職としてこれから活躍するためには、例えば、洞察力、ビジョン構築力、リーダーシップ、職場掌握力といった人事評価の評価項目とは異なる視点からの評価が必要になります。

実務上は、過去の人事評価の蓄積、直近の人事評価、上司の推薦、試験、面接といった複数の審査を経て人材選抜を行っているケースが多く見られます。しかし、社員を昇格させる、あるいは役職任用をするということは、その社員に対して、今後、中長期的に重要な職務や組織のマネジメントなどのさらに高度な役割を期待するという意思決定に他なりません。

そこで、中長期的評価である人材選抜を的確に実施するためには、一段高いステージで組織貢献することが可能かどうかを見極める評価項目を別途、構築することが必要です。中長期的な人材選抜のための方法としては、アセスメントセンター方式による人材アセスメントがあります。これにより、継続的に成果を出し続け、中長期にわたって組織貢献できる人材を客観的に見出してしていくことが可能になります。

（2）アセスメントセンター方式による人材アセスメント

組織貢献に向けて人事制度を機能させるポイントは、前述したように、短期的な人事評価に必要な評価項目と、中長期的な評価、いわゆる選抜に必要な評価項目を明確に区分して制度を構築し活用することです。

人材アセスメントにおいて、企業内部の者同士で評価し合うケースの代表的なツールとしては、「多面観察評価」が挙げられます。多面観察評価とは、評価される社員の上司、同僚、部下の全方位、つまり360度から行動を評価することで、社内360度評価とも呼ばれます。

一方、企業外部の者が実施するケースの代表的な人材アセスメントとしては、アセスメントセンター方式（下記参照）が挙げられます。アセスメントセンター方式は、さまざまな演習、行動観察、面接などの複数のアセスメントツールを通じてアセッサーと呼ばれる評価者が、受検者（評価対象者）を評価します。評価者としてのアセッサーは、企業内部の社員でも実施は可能ですが、より客観性を高めるためには、受検者と面識のない企業外部の者（一般には訓練を受けたコンサルタントや研修講師）が実施するほうが適しています。

◆アセスメントセンター方式とは

米国において開発された人材アセスメントの手法のひとつです。研修施設のような場所で、集合研修スタイルで実施されます。さまざまなテーマにつ

いての課題解決演習、行動観察、面接など複数のアセスメントツールを通じて集積された受検者の行動、言動、態度などのデータを評価の対象として、主に受検者の能力や資質を多面的、客観的に評価する技法です。通常2泊3日から1泊2日という期間で実施される場合が多く、主として、管理職選抜のための評価に用いられますが、最近では、経営幹部候補者を長期にわたって計画的に育成しプールするために、一般社員層を対象にした人材アセスメントを実施するケースも増えています。

第4節
人事制度の活用に向けて

　ここまで解説しました目標による管理や人事評価制度は、どの企業でも同じような仕組みで構築されています。それにも関わらず、企業の業績に差が生じるということは、マネジメントのPDCAサイクルを的確に回しているか否か、活用できているか否かがその要因のひとつともいえます。

　まず、経営層は中期計画、年度計画の結果を検証し、次期の計画を成長、充実させることが役割です。そして、管理職層は、自らの組織目標の結果を検証し、次期の経営計画の達成に向けた組織目標を成長、充実させることが役割です。さらに、一般社員は、自らの個人目標の結果を検証し、次期の組織貢献に向けた個人目標を成長、充実させることが役割です。このように経営層と全社員が一丸となってこれらに取り組んでいけば、全社業績の向上につながるものと考えます。

　以上、本章では、組織貢献に向けて人事制度を活用する重要性を強調しましたが、次章からは、組織貢献に向けて人事制度を活用する具体的なポイントについて考察します。

　第2章では、目標による管理の活用に向けた目標設定（Plan）について段階を追って解説します。目標を的確に設定することは、組織貢献に向けて仕事をする上で起点ともなり極めて重要ですので、ひとつの章として独立させて解説をします。

　第3章では、人事評価の活用に向けて目標の進捗管理（Do）と成果評価、行動評価（Check）とフィードバック（Action）について解説をします。

　第4章では、中長期的評価である人材選抜に向けて、アセスメントセンター

方式の人材アセスメントのあり方や考え方について事例を含めて解説をします。

第2章

目標による管理の活用

第1節
マネジメントツールとしての目標による管理

1. 現在の目標による管理の位置づけ

　現在、多くの企業において仕事の成果を見る成果評価と本人の仕事に対する取り組み姿勢や行動事実を見る行動評価による2本立ての評価制度が一般的になっています。結果だけでなくプロセスの取り組み姿勢を見ていく評価は、日本企業の特徴といってもよいでしょう。また、成果評価を行う上で基本となる仕組みが目標による管理ですが、現状は評価査定のために行うものだとの意識が根強く残っています。

　目標による管理については、現在もさまざまな意見があります。否定的な意見の多くは、目標による管理が評価査定の仕組みとしての位置づけで終わってしまい、マネジメントをする仕組みとして目標による管理を活用することができていないことをあげています。つまり、管理職が自らの組織を適切に管理するための仕組みとして目標による管理を意識していない状況があるのです。

　昭和30年代から40年代にかけて、ピーター・F・ドラッカーが『現代の経営』の中で目標による管理に触れ、エドワード・シュレイはドラッカーの考えをさらに具体化させました。産業能率大学では、昭和38年にエドワード・シュレイの「マネジメント・バイ・リザルツ」を翻訳出版するとともに、昭和39年には目標による管理と名を改めてセミナー展開をする等、日本の産業界における目標による管理の導入に貢献してきました。大学内でも昭和41年から目標による管理を実施し、目標設定が行われ、目標記述書がつくられまし

た。産業能率大学の当時の理事長である上野一郎は、目標による管理を「組織の全体目標と個々人のもつ目標とを相互に関連づけ、それぞれが自分の目標を達成することが、すなわち組織の全体目標につながるようにする」システムであると位置づけています。

以下、本章では目標による管理を単なる評価査定の仕組みとして捉えることなく、成果開発と人材育成を目的として論じていきます。行動評価については第3章で解説することにします。

2. 目標による管理を活用するうえでの問題点

目標による管理は組織全体の目標体系を整え、個々人が目標を通じて自らの能力を最大限に発揮するという意味合いを持っているのですが、現在でも多くの企業で目標による管理に対する不信感、上司とメンバーの間における認識のギャップ、思うように目標による管理の活用がうまくいかない等の悩みを聞きます。以下に、皆さんの所属する職場において目標による管理がどのように活用されているのかをチェックをしてみましょう。

> 演習：目標による管理における悩み（図表2-1参照）

皆さんの職場にどれだけ当てはまるでしょうか（図表2-1参照）。設問の横にある四角い枠に該当する部分についてレ点チェックを入れてみてください。社内各部門、そして上司とメンバーで一緒にチェックしていただくと問題点の共有化に役立ちます。

さて、皆さんの自己チェックは如何だったでしょうか。目標設定について何ができていないのかを企業に聞くと、2つの点がよくあがります。第一に業績偏重で中期的な目標や人材育成に関する目標が抜けていること、第二に前期を振り返り、そこでの反省や教訓を次期の目標設定に活かすことができていないことです。

● 図表2-1　目標による管理における悩み ●

設問	当てはまる	当てはまらない
1.　目標設定場面において		
①　目標による管理の目的は、単なる査定（SABCDの決定）であり、成果向上と人材育成のためにあるとの認識がない。		
②　営業のような定量的なモノサシがないので具体的な目標を設定できない。		
③　目標設定シートを見ても達成方法が抽象的な表現で終わっていて、これで目標が達成できるという実感が湧かない。達成基準と達成方法の間に筋道がない。		
④　目標設定場面で部下に今期、何を期待するのかを具体的に伝えていない。		
⑤　目標設定シートのチェックが上司によってバラバラ。詳細に内容を詰める上司もいれば、何も見ずに承認印を押すだけの上司もいる。		
2.　目標の進捗管理・評価場面において		
①　上司自身も業務を抱えていたり、部下の数が非常に多い職場なので、一人ひとりの部下の進捗管理ができていない。		
②　目標を達成したかどうかが問われており、結果重視でプロセスを見られていない。		
③　期中の業務遂行過程を通じて、部下に対してフォローする等の関わりができていない。		
④　期末評価において上司のコメントが漠然としていて、本人の成長に向けた具体的なアドバイスが伝えられていない。		
⑤　目標による管理を通じて部下を育成する仕組みになっていない。ただ目標を達成するという視点のみ。		

● 図表2-2　目標による管理の目的 ●

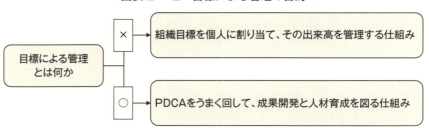

多くの企業において目標による管理を組織のPDCAサイクルを的確に回す道具として使いこなせていないのです（図表2－2参照）。

わが社の目標による管理は形骸化している、機能していないという声がある一方、目標による管理を通じて成果開発と人材育成に向けた取り組みを着実に実施している企業もあります。目標による管理において問題を抱えている企業は、その背景として組織を束ねる管理職のマネジメント力に問題があるともいえます。企業には、目標による管理の活用を通じて、管理職のマネジメント力を高めるとともに、メンバーの育成も図ることが求められます。今日の真の人事課題は人事制度をいかに運用するかという点にあると筆者は実践を通じて感じています。

3. 成果開発と人材育成に貢献する目標による管理

（1）組織貢献の2側面

私たちが組織に貢献するためには2つの側面を念頭に置かねばなりません。ひとつは、組織目標を見据えて適切に業務遂行を行ったり、さまざまな問題解決を図っていく「仕事の管理」の側面であり、もうひとつは、メンバーを計画的に育成したり、より良いチームづくりを行っていく「人の管理」の側面です。

どのような立場であっても組織の一員として、この両面のバランスをとって、積極的に組織に働きかけることが大切です（図表2－3参照）。

●図表2－3　組織貢献の2側面●

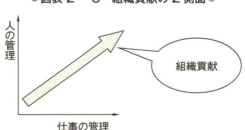

（2）PDCAサイクルの活用が鍵を握る

　私たちが組織貢献の2側面を確実に実践していくためには、ゴールをどこに置くかという目標による管理の視点が欠かせません。また、その設定・達成にあたっては「プラン」→「ドゥ」→「チェック」→「アクション」のマネジメントのPDCAサイクルを回しながら、効率よく進めていくことが必要になってきます。

　企業間競争は"人・物・金・情報"の経営資源が同じ条件であれば、マネジメントのPDCAサイクル、つまり"Plan → Do → Check → Action"の優劣が勝負を決めることになります。

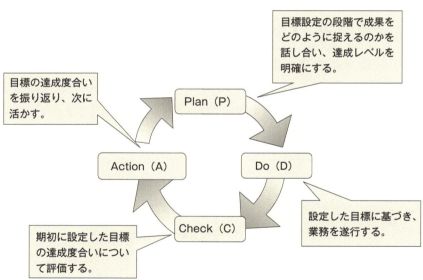

●図表2−4　PDCAサイクル●

　PDCAは誰でも知っているビジネス用語ですが、これをきちんと回すことができていない例が多いようです。筆者の体験でも、例えばPlanについては詳細に目標を設定していますが、Doの進捗管理が甘すぎて、期末になっ

て「今期はうまくいきませんでしたが、次期は頑張ります」との言葉で終わってしまい、毎年、堂々めぐりでPDCAサイクルのレベルアップにつながっていない組織もあります。また、Plan段階で上位方針と連動した目標を設定できなかったり、前期の取り組みを振り返って、当期の目標設定に活かすことができない組織もあります。

このような中で、特に問題としてあげられるのは、Checkの段階で終わってしまい、次のActionができていない場合です。期末段階で、上司もメンバーも目標への取り組み結果について振り返りをして次に活かすことができていないケースが多いのです。

振り返りができていなければ、次のActionが抜けてしまい、さらに次年度のPlanにつながらないことは明白です。この忙しいときに内向きの仕事をする余裕はないという理由で振り返りを放棄している組織は、自らPDCAを回すつもりはないといっているとしても過言ではありません。

どの組織においても目指すべきはPDCAサイクルを通じて成果を生み出すことと人材の育成です。目標による管理は、これらの目的を実現するためのマネジメントツールとして日々磨き上げていかねばなりません。

4. PDCAサイクルの基本的な流れ

目標による管理におけるPDCAサイクルの基本的な流れは以下のとおりです。企業の中期計画や年度計画をふまえて、下記の枠組みの中でPDCAを回していくことになります（図表2-5参照）。

目標による管理を通して、部門目標の設定からフィードバックまでの流れにおいて何を押さえるのかを、マネジメントに携わる管理職が理解することが重要です。目標による管理におけるPDCAの流れの概要を以下に見ていきます。

● 図表 2-5 目標による管理を通じた PDCA の流れ ●

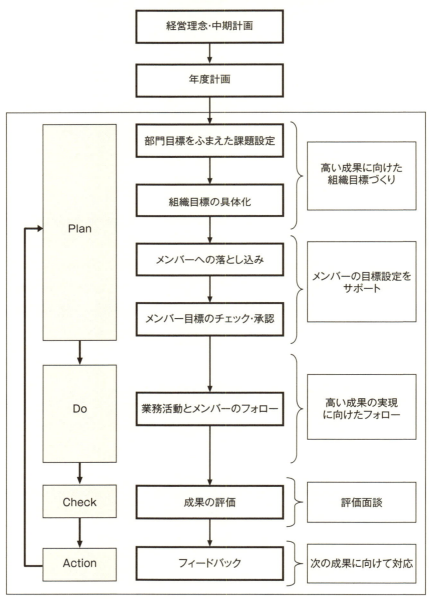

(1) 目標設定段階の概要

1) 部門目標をふまえた自組織の課題設定

　部門課題をふまえて、管理職が自組織の課題をさまざまに思い描く場面から目標設定が始まります。自組織の課題を形成することは、管理職に求められる必須の役割といえましょう。皆さんの会社は下記のチェックポイントに該当していないでしょうか。

> チェックポイント
> ☐ 上位方針が明確にされない限り、何もできるわけがないという管理職が多い。
> ☐ 目の前の仕事に追われていて、将来を見据えて何をすべきかを考えられない。

2) 組織目標の具体化

　自組織のさまざまな課題の中から今期、重点的に取り組む課題を意思決定して、組織目標として具体化します。特に目標を設定する際、定性的な目標の達成基準を具体化できないという悩みをよく聞きますが、ここが漠然としていては「達成できた、できなかった」を判別することができません。また、達成方法についても「とにかく頑張ります」では目標達成がおぼつきません。

> チェックポイント
> ☐ 定性的な目標の達成基準があいまいな記述で、「できた、できなかった」が判別できない。
> ☐ 達成方法が前期とまったく同じ内容で、今期における工夫が見られない。

3）メンバーへの落とし込み

　管理職が考えた組織目標について、メンバーに対して自分の言葉で語り、目標を共有する場面です。上層部で決まったから、とか、本社が決めたことだから、という言葉を一方通行で話してもメンバーの納得を得ることはできないでしょう。今期はこういう理由でこの目標に取り組むのだ、ということを管理職自身の言葉でメンバーに伝える必要があります。

> チェックポイント
> □なぜ今期、その目標に取り組むのかを自分の言葉で話せない管理職が多い。
> □一方通行の指示で終わってしまい、目標達成のための動機づけをしていない。

4）メンバー目標のチェック・承認

　メンバーが記述した目標設定シートの内容をチェックする場面です。上司が意図した内容が設定されていればよいのですが、目標の達成基準や達成方法が漠然として抽象的な記述で終わっていれば、何がいけないのかを具体的に指摘して、差し戻し、修正をしていかなければなりません。本来は管理職全員が目標設定シートのどこをチェックするのかという点で足並みが揃っていなければなりません。しかし、現実には目線がバラバラで、おざなりのチェックで終わってしまう管理職も多く、目標のチェックポイントが組織横断的に共有化できていないケースが多いようです。

> チェックポイント
> □目標設定シートを指導できている管理職と、そうでない管理職でレベル差がある。
> □目標設定シートのやり取りを通して、メンバーを育成するという意識がない。

（2）業務活動とメンバーのフォロー

　メンバーの数が多い、あるいは管理職自らがプレイングマネジャーであるとの理由からメンバーの目標についてフォローができていない事例が多く見られます。メンバーの目標達成に向けて、進捗管理の段階で何を指導すべきなのかを管理職が理解しておく必要があります。

> チェックポイント
> ☐日々、業務の話はしているが、目標についてのやり取りはまったくない。
> ☐そもそもメンバーの数が多くて、フォローができるわけがないと考える管理職が多い。

（3）成果の評価とフィードバック

　PDCAサイクルの最後の場面です。目標を達成できても、できなくてもフィードバック面談を通して、メンバーに何を問いかけるのか、何を考えさせるのかが人材育成の観点から重要となります。PDCAサイクルを適切に回している組織は、この場面がしっかりできています。

> チェックポイント
> ☐単に評価結果だけを伝えて終わっている。
> ☐メンバー自身に振り返りをさせることができていない。

5. 評価の納得性に向けたポイント

　こうしてPDCAサイクルの流れを見ていくと、まずは目標設定段階が重要だということがわかります。特に自組織の目標達成に向けて、管理職がど

のようにメンバーを動機づけるのかが極めて重要なテーマであり、管理職自身がメンバー一人ひとりを前にして、どのように上司としての期待を伝えていくのかが試されます。

　評価面談で上司とメンバーの間で行き違いのやり取りになる原因のひとつが、期初に上司が期待を具体的に伝えていないことにあります。例えば、以下のようなやり取りが評価面談で起きてはいないでしょうか。

部下：目標のひとつである「業務改善を最低1件提案する」について、確かに期中1件提案しましたので自己評価をAとしました。
上司：君が提案した業務改善案は私の期待する内容に仕上がっていない。私は、今、この職場で問題となっている業務分担の偏りを正すような提案をしてほしかったのだ。君の提案内容は私の期待した水準には程遠く、改善提案ともいえない内容である。これではA評価などあげられるわけがない。
部下：しかし、そんな話は今初めて聞きました。そういうことであれば最初からいってほしかったです。
上司：そんなことくらい職場の状況を見ればわかる話ではないか。
部下：………

　この事例の問題点は、目標設定段階で上司が業務改善提案についての期待内容を伝えていなかった点にあります。メンバーからすると上司の胸の内にある期待内容を具体的に伝えられていない限り、自分の想定範囲内で改善提案に取り組むしかありません。こうしたやり取りで終わってしまうならば、メンバーの納得を引き出すことはできません。

　メンバーが納得する評価のポイントは目標設定段階で本人に期待内容と水準を伝えることと、成果の評価段階でどれくらい期待に応えたのかを事実で押さえることの2つです（図表2−6参照）。

特に目標設定段階で、メンバーにどの程度の仕事レベルを期待したいのかを明快に伝えることが大切なのです。これを期初の目標という形でメンバーと共有することで初めて、評価の納得性は高まるのです。これについては第3章で詳細に説明します。

●図表２－６　期待を伝える、事実で押さえる●

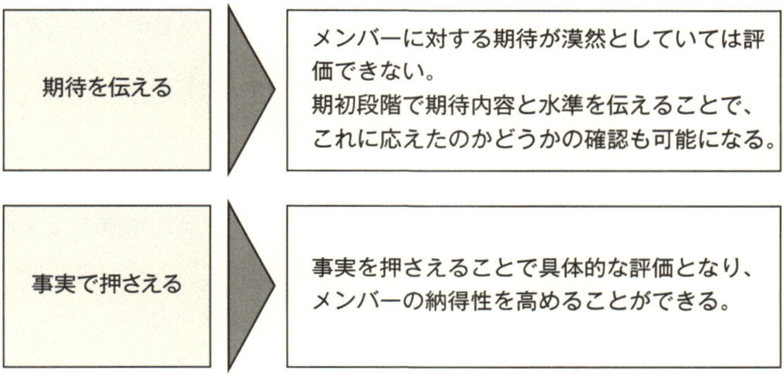

期待を伝える	→	メンバーに対する期待が漠然としていては評価できない。 期初段階で期待内容と水準を伝えることで、これに応えたのかどうかの確認も可能になる。
事実で押さえる	→	事実を押さえることで具体的な評価となり、メンバーの納得性を高めることができる。

第2節
部門目標をふまえた課題設定

　これまで目標設定におけるPDCAの流れを概略的に説明しましたが、ここからは、それぞれの段階で具体的に何がポイントになるのかを説明します。

1. 課題形成の手順

　上位目標を、自組織の目標レベルに具体化することは大変重要ですが、上位者の指示に基づいて行動しているだけでは組織を束ねる管理職の存在意義はありません。日々の業務遂行を通じて醸成した問題意識をふまえ、"何をなすべきか"という目標設定と"なぜそれが重要目標であるのか"を考え抜くことが求められます。

　自組織をどのようにしていきたいのか、何を実現したいのか、そのためにどのような課題があるのかを管理職自身が整理できていないと、メンバーに対する説得力は高まりません。とりあえず前任者の方針どおり、上位方針どおりというだけではなく、自分自身がこうしたいという思いをメンバーに対して発信することこそがマネジメントに携わる者にとっての面白さ、やりがいではないでしょうか。

　自組織の課題設定に至る基本的なプロセスは図表2－7のとおりです。慌ただしい毎日の中でじっくり丁寧にこれからの組織課題を考えることができていないという人にこそ押さえていただきたい組織運営の鍵となります。

　これから課題形成のプロセスに沿って、そのポイントを解説していきます。

●図表2-7　課題形成のプロセス●

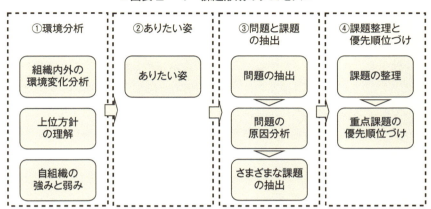

2. コンセプチュアル・スキルの重要性

　課題形成という点で、あらためて注目されるのがハーバード大学教授であったロバート・カッツのモデルです。経営管理の教科書で古くから紹介されており、管理職に求められるスキルが何であるのかを指し示したモデルです（図表2-8参照）。

●図表2-8　カッツモデル●

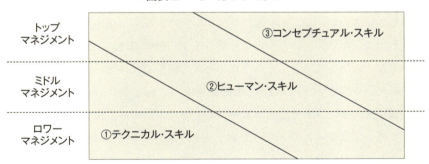

（Robert. L. Katz「Skill of Effective Administrator」（Harvard Business School Press）1993 ほかより作成）

ロワーマネジメント（監督者層）はテクニカル・スキル、すなわち特定の活動についての理解と熟練が強く求められるのに対して、ミドルマネジメント（管理職層）はヒューマン・スキル、組織の中に協働関係を築いて、効率よく仕事を行う能力、いわゆる対人関係能力が求められてきます。組織の連結ピンとして上司の思いをくみ、メンバーに伝えることやメンバーのさまざまな思いを受けとめて上司に意見具申する役割が強調されてきます。そしてトップマネジメント（経営層）になると、組織内の異なる機能を組み合わせたり、会社全体を見る技能であるコンセプチュアル・スキルが一層求められます。

　今まさに目標による管理を主導する管理職にも求められるのがコンセプチュアル・スキルです。直近ではなく先々を見る目を育み、問題の本質を分析、把握したうえで的確な解決策を立案するスキルは管理職にとっても必要なのです。

　ほとんどの管理職は目の前の問題に追われ、瞬時の判断を求められているのが現実で、将来を見据えて何をなすべきなのかをじっくり静かに考える余裕がない仕事環境に置かれています。

　しかし、経営層が、この現状に不満を抱いているのも事実です。「わが社の管理職は、上位方針を受けとめて、これをいかに実現するかということについては責任感を持って仕事にあたっている。しかし、今後、どんな事業展開をしていきたいのか、3年先どうなりたいのかを問いかけても自分なりの意見が出てこない」という声をよく聞きます。経営層は、上位から指示が出なくても、私はこう考えるという自分なりの構想を持った、いわば「白紙に自らの思いを描く」ことができる管理職を求めています。

　毎期リセットになる短期的な数値ばかりを示されても、自分も成長したな、ここで働いてよかったなという思いを実感するメンバーは少ないでしょう。目標による管理を通じて、上司は将来の組織のあり方についてメンバーに自分なりの思いを指し示す必要があるのです。

ところが、「白紙に自分の思いを描く」ことが苦手な人が非常に多いようです。産業能率大学で実施する教育研修で、今後の日本社会における少子高齢化社会における新しいビジネスを考えさせることがあります。しかし、高齢化の現状分析だけで終わってしまい、今後、何を事業として行っていくのかという点になると、世間でよくいわれているような話しか思いつくことができない受講者が多いと感じています。

聞きかじった話を単に繰り返すだけだったり、考えもなく新しい言葉に飛びつくような薄っぺらさで終わらないように自分の頭で論理的に考え、これを自分なりの言葉で語れるようになりたいものです。

3. 課題形成のためのポイント

自組織の課題形成のために、まず検討したいことは先々を見据えて、どのような組織を目指していくのかを深く思い描き、整理することです。これによって、メンバーに対して、これから、どのような方向を目指すのかを話すことも可能になります。

「本社からいわれたから」という受け身の発言ではなく、「こういう背景、理由があって、私はこうしたいのだ」という確かな論拠があってこそ、ぶれずにメンバーに影響力を与えることができます。

自分の思いが整理できていない人はどうでしょうか。私はこうしたいという確固たる意見がないので、さまざまな場面で考えがぶれて、その度に思い悩み、なかなか判断を下せないかもしれません。メンバーから見て、「あの上司はいつもいうことが違うよね」という不信感が募ることもありえます。

自分なりの言葉で整理された思いは、自分を助け、メンバーを導く座標となるのです。

それでは具体的に自組織の課題形成のために、どのような点を整理しておくべきなのかを以下の図表2－9の①から⑥で示します。

次から次に降りかかる仕事に忙殺されていると、このような課題整理のための問いかけをじっくり考える機会を失ってしまいます。

　皆さんの職場では、どのような課題が頭に浮かぶでしょうか。参考例として図表2－10にて食品企業A社の営業課における事例を見てください。

第2章　目標による管理の活用

● 図表2-9　課題形成のための問いかけ ●

第1ステップ　環境分析

①環境変化分析 　・市場動向 　・顧客動向 　・競合企業動向	①組織内外の変化、短期と中期で見た変化。 あなたは市場をどう見ているのか。今後はどうなるのか。 あなたのお客様は誰なのか。何を求めているのか。その理由は何か。 競合企業は今、何をしているのか。 そのうえで私たちは、このままで良いのか。
②進むべき方向性の理解	②自社の経営理念、重点方針は何か。 社会に対して、どのような責任を果たすことが求められているのか。
③自組織の強みと弱み	③あなたの組織の強みと弱みは何か。 あなたの組織は、これからも本当に必要なのか。なぜそう言えるのか。

第2ステップ　課題抽出

④ありたい姿の明示	④この組織を将来的にどうしていきたいのか。 自分が携わる中で何を実現したいのか。
⑤課題の整理	⑤何を強化すれば、目指す状況が実現するのか。 今それはできているのか。 できていないとすれば何が足りないのか。 戦略、組織、人の意識、仕組み等。
⑥メンバーへの期待	⑥課題克服に向けて、メンバー一人ひとりに何を期待したいのか。 メンバーを取りまとめるうえで何が必要なのか。

● 図表2－10　課題形成の整理事例 ●

|事例)食品製造業A社の営業課|

第1ステップ　環境分析

①環境変化分析
　・異業種や外資の参入により当社製品市場での競争激化
　・食生活の多様化と消費者ニーズの高度化
　・業績の良い顧客とそうでない先の二極分化
　・顧客は小売現場での購入状況や将来動向に対する情報提供を強く要求

②進むべき方向性の理解
　・情報武装の強化による顧客への提案力向上（上位方針）
　・売上・利益貢献度の高い重点顧客への支援体制の強化（上位方針）
　・消費者の食に対する安全・健康志向への対応が求められている（社会的責任）

③自組織の強みと弱み
　強み
　・顧客である大型小売店や問屋との間で長年の信頼関係が築かれている
　・当社製品へのブランド認知率はいまだ高く、消費者からの一定の支持がある
　弱み
　・どの顧客との取引を拡大していくべきか、どこまできめ細かなサービスをすべきか
　　顧客ランクづけができていない
　・これまでの経験に頼った御用聞き営業スタイルに埋没し、付加価値の高い提案力に
　　欠ける

第2ステップ　課題抽出

④ありたい姿の明示
　・情報収集と提案力に優れたコンサルティング営業により、顧客企業の隠れたニーズを
　　掘り起こし、業績向上に貢献している。
　・営業担当者が専門知識、提案力ともに社内を代表する存在感のある社員になっている。

⑤課題の整理
　・重点顧客の明確化
　　　　重点顧客先の選定基準作成、個別顧客のランクづけとサービス戦略の明確化
　・顧客別取り組み方針の明確化
　　　　顧客別の売上、粗利目標、サービス内容の設定
　・社内各部門と連携した商品提案、販売促進、配送体制の強化
　・営業担当者全員の情報やノウハウの共有化

⑥メンバーへの期待
　・営業担当者全員の専門知識の向上
　・リーダー層2名の部下指導力向上

4. 環境分析の糸口

　課題の抽出にあたっては組織内部の事象だけにとらわれることなく、広く組織内外の環境を分析することが大切です。例えば、皆さんの業務の対象となる顧客は誰で、どのような問題点を抱え、そのニーズがどのように変化してきているか、今後どのように変化すると予測されるかを考えることは将来の課題を検討するうえで大切な視点となります。

　組織内外の事象を漏れなく押さえるための問題整理手法は数多く知られていますが、一番シンプルで使いやすいのは以下の図表２－11に示す3Cによる環境分析です。

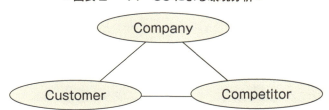

●図表２－11　3Cによる環境分析●

```
Company――自社――戦略・組織体制・業務遂行・制度・人材等の内部状況
Customer――顧客――市場・顧客の特性、顧客ニーズの今、これから
Competitor―競合企業――競合企業は誰か、何をしているのか、なぜそうしているのか
```

　3C分析は顧客と競合企業がどのような動向にあるのかという観点で外部環境の変化を押さえるとともに自社の経営資源も検討できるので、さまざまな課題を抽出する際によく使われる枠組みです。問題解決スキルの習得に熱心な人は当然知っている分析手法ですが、まだまだ広く活用されている状況ではありません。皆さんの職場の状況を分析する手法として、どれだけ3C分析を理解しているのかを調べていただければと思います。筆者がロジカル

シンキング研修の担当講師として、さまざまな企業を訪問した経験でいうと、半数以上の受講者が3Cについて知らないという反応が返ってくる場合もありました。

組織内のQ（製品や作業品質）、C（コストや効率）、D（納期遵守）への意識はあっても、外部環境の変化にどのように対応していくのかという視点が抜けている組織も多く、若い年代から外部環境の変化と、これに対する問題点と課題を考える習慣を身につけることが強く求められています。

5. ありたい姿を描くことの重要性

（１）ありたい姿を考える機会の不足

管理職研修において、3年後の自組織のありたい姿を考えさせる演習を行うことがありますが、ありたい姿といっても、どのように表現したらよいのかわからないという人が見受けられます。典型的な例は「営業は何といったって数字でしょう」ということで売上〇〇億円という売上目標をそのまま、ありたい姿としてしまう場合です。また、「革新への挑戦」等、日頃どこかでよく聞かれるようなフレーズをそのまま使うだけに終わってしまう場合も多いようです。

多くの管理職が普段から上位方針や組織目標をいかにやり抜くかということは考えていても、将来的にどうありたいのかということを自分の頭で考え抜いたり、メンバーとのやり取りの中で自分の志や将来への思いを真剣に語り合う経験が少ないことが原因だと思います。

（２）組織運営の基軸としてのありたい姿

先が読めない時代になり、努力すれば報われるという公式が成り立たなくなっています。そのような不透明な時代だからこそ、私たちは、「いったい何のために存在しているのか、先を見据えて、どう進むべきか」という基軸

を明確にしておかなければなりません。

　また、管理職自身が判断に迷った場合においても、自らの基軸に立ち戻ることによって適切な判断と方向づけを行うことが可能になります。これが組織の求心力、一体感を高めることにもなるのです。売上目標の達成ということだけで終わってしまうと、いったん計画と実績の乖離が目立ち始めると一気に共感性、信頼感がなくなってしまうかもしれません。また、数字を示すだけでは中長期に渡って、どのような方向を目指すのかという羅針盤としての役割も果たせません。

（3）ありたい姿は課題のレベルも上げる

　組織が取り組む課題の質も、ありたい姿の内容に左右されます。ありたい姿がありきたりの内容であったり、その範囲が限定されてしまうと、これを実現するうえでの課題も限定的でマンネリ化した内容になってしまいます。例えば、ありたい姿が「活気のある職場」等、組織内において目指すものだけに限定されてしまうと、それを実現するための課題に絞られてしまい、市場や競合企業の変化に対する課題が抜けてしまいます。適切なありたい姿を考えることで、現実とのギャップを的確に捉えることができるのです。

　先行き不透明な時代に入り、マネジメント活動の重点が、「どうやるか（How）」という問いかけから「何をなすべきか（What）」という問いかけに移ってきました。「何をなすべきか」を考えるためには、「果たして自組織は、今までの仕事意識や仕事の進め方のままでよいのであろうか」という自問自答が大切になります。今までの仕事の進め方に慣れた人にとっては、抵抗感があるかもしれません。しかし、管理職としてメンバーの共感を得て、モチベーションを高めるためには、組織のありたい姿を掲げることが強く求められる時代なのです。

6. ありたい姿を考えてみよう

（1）自分の思いを言葉で表現する

　ありたい姿は人々の希望を描いたものであり、将来に向けて、自らの組織をどのようにしたいのか、何をなすべきなのか、どのような状態を目指すのかといった問いかけに対して自分の思いを自分の言葉で表現しなければなりません。

　ありたい姿は、自組織の環境分析を踏まえて、「～を通じて、～を実現すること」、「～が～となっている」、「～ができている」という形でまとめます。

```
自組織のありたい姿
・いったい我々は、これからを見据えて
・誰がどうなるために
・何を実現するのか、何を目指すのか
```

（2）利害関係者の期待に応える

　数年先のありたい姿を考えるためには組織の外部に対して何ができるよう

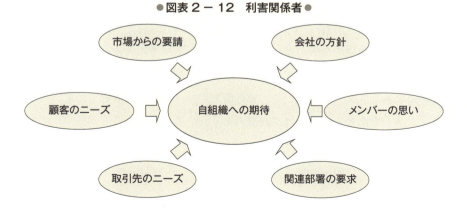

●図表2－12　利害関係者●

になっているのか、それを実現するために組織の内部はどうありたいかというイメージづくりが欠かせません。そのためには自組織に関係をもつ利害関係者がいったいどのような期待を私たちに抱いているのかを考えることが必要になります（図表2－12参照）。それは利害関係者の期待に対して、自組織は何をしようとしているのかを考えることにつながります。

（3）将来を見据えて考える

ありたい姿を考えるためには、目の前の置かれた状況にどう対処するかという視点ではなく、将来に向けて何を成すべきなのかを具体的に考えなければなりません。ありたい姿は、決して短期の話ではなく、数年先を見据えて、どうありたいという到達イメージを表現したものです。

また、単に「売上2倍」、「日本一」、「グローバル化」という言葉をつらねるだけではメンバーの心を揺さぶることはできません。一般的によくいわれる言葉で終わらずに、顧客動向や業界動向の変化を見据えて、我が身にブレイクダウンした姿を表現することが大切です。

図表2－13は組織レベルでありたい姿を表現した場合の事例です。

●図表2－13　ありたい姿の事例●

①組織外部に対して

- お客様の問題解決に役立つ情報を常に先んじて提供する情報発信基地になっている。
- お客様の期待を超えるインパクトのある価値を提供する職場になっている。
- これらにより、お客様の絶対的な信頼を勝ち得たナンバーワンパートナーになっている。

②組織内部に対して

- 営業メンバー全員が情報やノウハウを共有し、提案営業のプロフェッショナル集団になっている。

| 演習：皆さんの職場のありたい姿を考えてみよう |

「あなたは何をどうしていきたいのですか？」

7. 課題の抽出

　ありたい姿を思い描いた後は、その実現に向けて環境変化や顧客の要求の変化等をふまえて、自組織として取り組むべき課題をまずは幅広く抽出し、次いで今期の最重要課題として取り組むテーマを絞り込む作業に移ります。

　課題の抽出にあたっては単に上位組織から方針が下されたというだけでなく、市場動向や競合企業の動き等をふまえ、主体的な問題意識を持って検討することが必要です。的を射た課題を思い描くためには組織内部の情報収集だけでなく、外部情報にも敏感にアンテナを張り、それが何を意味するのか、どう対応すべきなのかを考えることが重要です。

　また、課題を抽出するにあたって、問題と課題という言葉の意味の違いを明確にすることも大切です（図表2-14参照）。

　案外、「自組織の問題・課題は〜」という形で両方の言葉を分けることなく使っている人が残念ながら多いようです。図表2-14に示した問題と課題の

第２章　目標による管理の活用

違いを見てください。問題の定義は吹き出しに書いているとおり、ありたい姿と実際の姿の間にギャップが存在し、何らかの対応を迫られるものを指します。ギャップが大きければ大きいほど問題も大きくなります。一方、課題の定義は図表２－14右端の吹き出しにあるとおり、解決の方向性という言葉が鍵になります。人員が足りないという事象は問題であり、課題レベルの話ではありません。それでどうするのと問いかけられて、やはり、もっと業務の効率化を図らなければだめだなというところまで議論が進むことで課題が見えてくるのです。問題と課題の意味合いを厳密に分けて、一つひとつの言葉の意味合いを大切に扱うことは論理的に物事を考えるうえでも大切です。

●図表２－14　問題と課題●

```
┌─────────┐
│どうなればよいか │
│         │
│ ありたい姿  │
│ 望ましい状態 │
└─────────┘
    ↕ ギャップ ⇒ （問題）⇒ （課題）
┌─────────┐        │        │
│どうなっているか│     ┌──┴──┐  ┌──┴──┐
│         │     │目標と現状│ │問題を解決│
│ 実際の姿   │     │のギャップ│ │するにあた│
└─────────┘     │で何らかの│ │っての方向│
              │対応を迫ら│ │性を示すも│
              │れるもの │ │の    │
              └─────┘ └─────┘
```

　課題を抽出するにあたっては、なぜそのような問題が発生しているのかという原因を徹底して分析することも不可欠です。

※**原因分析が不十分な事例**
- 情報の共有化ができていないから共有化する
- コミュニケーションがとれていないから、とれるようにする
- 業務の効率化ができていないから効率化する

このような表裏の表現で終わらずに、今なぜできていないのか、それはなぜかを探求することが欠かせません。図表2－15に示した原因分析と課題の具体化までのロジックツリーは論理的に課題を考えるうえで基本的な流れになります。

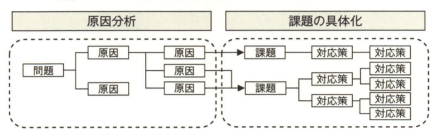

●図表2－15　原因分析と課題の具体化までのロジックツリー●

8. 課題の整理と優先順位づけ

(1) 課題の分類と整理

　さまざまな視点から幅広く課題を抽出したら、次に課題抽出に大きな漏れがないかどうかをチェックします。そのためには頭の中だけで思い巡らすだけでなく、文章に落として自分の目で漏れがないか、自分の考えが偏っていないかを確認します。参考例として図表2－16において、課題整理のマトリクス図を紹介しましょう。

　マトリクスの縦軸は中期の課題なのか短期の課題なのかという区分で、横軸は改善レベルの課題なのか、それともチャレンジングな変革に関わる課題なのかの区分で4つのゾーンに分けられています。抽出した課題を各セルに記入したうえで、中期的な課題もきちんと捉えているか、記入内容に偏りがないかどうかを確認します。また、上司とメンバーの間で記入したものをお互いに擦り合わせることで、お互いの問題意識が共有化されているのかどうかを確認する格好の機会にもなります。

● 図表2−16 課題整理のマトリクス図 ●

	改善・既存強化	変革・新規取り組み
中期		
短期		

（2）課題の優先順位づけ

　課題の抜け漏れや偏りを確認したら、最後に今期の重要課題の優先順位づけに移ります。優先順位づけの基準として、よく知られているものは重要性と緊急性の2つですが、これを以下の4つのパターンに分けて考えてみましょう。
　①重要性と緊急性がともに高い課題
　②重要性は高いが、緊急性は低い課題
　③重要性は低いが、緊急性は高い課題
　④重要性と緊急性がともに低い課題

　課題の優先順位づけにおいて、メンバー全員の認識が一致しやすいものは重要性の高い課題で、かつ緊急でもある①の課題があげられます。また、④の課題は、さして重要でもないし、急ぎでもないという部分で、ここを最優先にする前に、もっとやらなければならないことがあるとの点で意見の一致がしやすい課題です。

問題は残った②と③です。日々、どのようなテーマに時間とエネルギーをかけているのかを振り返ってみると、案外、「急ぎだから」という理由で③の課題に拘束されている場面が多いのではないでしょうか。逆に②の課題については急ぎではないという理由で、先送りになっているのではないでしょうか。

　優先順位づけという点において、皆さんに一番考えてほしいことは、②の「重要だが急ぎではない」にあたる課題が解決されることなく放置されていないかということです。いろいろな企業を訪問すると「これからは新たな取引先とのパイプを確保しないと、このままでは済まないよね」、「やがてはアジア市場に打って出ないと、収益も確保できないよね」といったやり取りをするだけで終わってしまい、いつまで経っても目標展開に落とし込まれない事例に出会うことがあります。

　皆さんの会社や職場で、もう2〜3年前から同じやり取りをしているが、相変わらずアクションプランに落とし込んで実行していないというテーマはありませんか。その原因は皆さん自身の内にあるのかもしれません。「人員が削られ、新たな取り組みを行う余裕がない」、「失敗したら、私たちが責任をとらされる」、「そうはいってもどうやるのか難しい」等、さまざまな理由をつけて、誰も取り掛かろうとはしないということはありませんか。

　今後の課題の優先順位づけをふまえると、②の課題こそ毎期の目標に落とし込まねばならないものなのです。「いずれはやらないとね」という言葉だけのやり取りで終わってしまうと企業全体の永続性にも甚大な悪影響を及ぼす可能性も出てきます。もちろん①の課題は最優先ですが、それに加えて②の課題を解決するために今現在、対策を打っているのかという点にも注意、関心を向けていくべきです。

　読者の皆さんの組織において、重要課題の優先順位づけは的確に行われているでしょうか。

第 2 章　目標による管理の活用

演習：自組織の課題の優先順位テーマは何か

　皆さんの職場において、重要性は高いが、緊急性は低いという課題はどのようなものがあるでしょうか。以下のスペースに記述してみてください。それは毎期の仕事の中でしっかり目標に落とし込まれているのでしょうか。

チェックポイント

・とにかく急ぎだからという仕事だけに忙殺されていないか。

・常日頃から「やるべし」といわれながら、まったく手をつけていない課題はあるか。

・普段から職場内で、どのような課題があり、どういう順番で取り組んでいくのかを語り合えているか。

第3節
組織目標の具体化

1. 目標とは何か

　各社の目標設定シートを見ていると、担当している業務そのものを目標として記述している事例もけっこう多いと感じています。これは、目標による管理を始めたばかりという企業だけではなく、長年、目標による管理を行っている企業でも同様です。その主たる原因は目標と担当業務はそもそも違うということを理解していないことにあります。

●図表2－17　自らの担当業務、あるいは役割そのものである悪い目標事例●

目標項目（何を）	達成基準（どれだけ）	達成方法（どのように）
安全・健康管理	社員の業務状況や健康状態を上司を通じて把握し、社員の健康管理に努める。	上司に対する折に触れた啓発活動。全社員漏れることのない健康診断の受診。

目標項目（何を）	達成基準（どれだけ）	達成方法（どのように）
課内コミュニケーション	朝礼実施、および職場内会議実施。	①朝礼に全員参加 ②課内会議月1回実施 ③自己研鑽のための研修会に参加

　上記のように、どのような業務に従事しているのかを羅列することが目標ではありません。自らどのような業務に関わっていて、そこにどのような問題があり、それに対して今後何を成すべきなのかを課題として捉えたうえで、その課題について、何を、いつまでに、どれだけ、どのよう行っていくのか

を具体的に考えることで目標設定が完結します。

　目標とは、ある一定期間内に達成すべきものと定義できます。いつまでに何を成し遂げるのかを明確に定義できなければなりません。

　上司はメンバーに目標を設定させるにあたって、メンバーの担当業務→問題点→課題→目標という流れで分析しているかどうかを指導しなければなりません。

●図表２－18　目標設定の流れ●

①自らの担当する重要業務は何か

②目指すべき業務遂行状況は、どのような状況のことをいうのか
　　　　　　　（ありたい姿）

③お客様に支持されるサービスを提供している状況といえるのか
　　　　　　　（問題点の抽出）

④目指すべき業務遂行状況を作りだすための鍵となる作業は何か
　何を強化すれば目標とすべき業務遂行状況が実現するのか
　　　　　　　（課題の抽出）

⑤その実現に向けて、いつまでに、何を成し遂げるのか
　　　　　　　（目標の設定）

2. 目標設定の枠組み

　高い成果を実現し、的確な評価を実施するためには、目標の具体化が必要です。目標は「中期・短期」と「達成基準・達成方法」の両面から検討する必要があります（図表２－19参照）。

● 図表2-19　目標設定の基本的な枠組み ●

	達成基準	達成方法
中期目標		
短期目標		

　上記、図表2-19におけるチェックポイントは3つあります。

> **チェックポイント①**
> 　今期の売上・利益目標をいかに達成するのかという短期目標だけではなく、職場の数年先の状況を思い描いた中期目標も設定できているか。

　短期目標は半年、もしくは1年間でリセットされてしまいますが、「今後、組織内外でどのような変化が起こりえるのか」、「私たちはこのままでよいのか」、「この組織を将来的にどうしていきたいのか」という問いかけに対応していくためには中期目標の設定も不可欠です。これこそが管理職が自身の夢を語る場面であり、これを基にしてメンバーを動機づけていくのです。実務上は今期の終わりには、どこまで到達するのかという着地点をゴールとして目標を設定することになります。

> **チェックポイント②**
> 目標達成を確実にするために、達成基準と達成方法のどちらも具体的に筋道を立てて検討し、記述されているか。

　目標設定場面であいまいな表現で終わることなく、「何を・どこまで・どのように」を明確にします。売上目標のような達成基準が明確な目標においても、達成方法が単なる業務手順の記述で終わっている事例も見受けられます。達成方法こそが目標達成の鍵であり、この部分が深く検討され、筋の通ったシナリオになっているかどうかが大切になります。

> **チェックポイント③**
> 達成基準をクリアしたかどうかだけではなく、達成方法についても進捗を管理することができているか。

　目標の達成基準については、上司とメンバーが双方、意識して進捗管理をしているが、その実現に向けた達成方法についてはメンバーにお任せの状態であり、目標が達成できたのかどうかだけに関心が向いてしまっていることはありませんか。達成方法をしっかり考えることで目標達成への道筋が見えてくるのであって、メンバーの指導の面からも、これをしっかりとチェックしなければなりません。

3. 組織目標の具体化ポイント

(1) 定性的な目標の達成基準を具体化する方法

1) 状態記述

　定性目標を具体化することが難しいという話はよく聞きます。自分の仕事

は営業部門と違って、そもそも数値化できないので目標による管理は馴染まないという声は、皆さんの会社でも聞かれるのではないでしょうか。

しかし、目標による管理が馴染まないのであれば、自組織のPDCAをどのように進めて、何を成果として把握していくつもりでしょうか。さまざまな理由から目標設定が難しいということで終わってしまうならば、自組織のPDCAをどのように管理していくのでしょうか。

目標の達成基準は具体化することが必要ですが、できるだけ数値化しなさいという指示だけで終わると、目標は見当はずれの内容になることがあります。

定性目標については、目標に取り組む前と取り組んだ後が明確にわかる形で記述をすることが必要です。また、しっかりと目標を設定したつもり（勘違い）にさせるキーワードには以下のようなものがあるので注意が必要です（図表2－20参照）。

●図表2－20　あいまいな言葉●

迅速化する	効率化する	向上する
評価する	調整する	検討する
浸透する	円滑化する	助言する
企画する	実施する	目指す
定着化する	図る	管理する
徹底する	強化する	推進する
明確化する	把握する	支援する
努める	努力する	共有化する
運営する	監督する	遂行する

特によく使われる言葉が図表下から4段目にある「徹底する」、「強化する」、「推進する」という3つの言葉です。非常に前向きな言葉なので使いやすいのですが、よく考えると、徹底という言葉だけでは、徹底した状態がわかりません。徹底という言葉に含まれる状態を突き詰めて具体化しなければ、メンバーが組織目標を自分勝手な解釈で徹底した状態を想定することになります。

このレベルで目標設定シートの記入が終わってしまうと、具体的に何をどこまでやるのかが漠然としてしまいます。あいまいな達成基準のままでは期末評価の段階で上司とメンバーの間で「できた、できなかった」という論争になる場合もありえます。目標設定においては、これらの言葉で終わらずに、「どこまで徹底すれば、徹底したといえるのか」を掘り下げて記述することが大切になります。

そのためには、どこまでやればできた、できなかったといえるのかを、あらかじめ示す必要があります。これを「状態記述」といいます。例えば標準化という言葉だけで終わらずに、「今、Aさん一人が○○業務を知っている状態を職場のメンバー全員が業務の流れと急所がわかっている状態にする」という形で具体化することです。文章表現は長くなってしまいますが、メンバーに目標達成レベルを具体的にイメージさせるためには欠かせません。

2）納品要件と品質要件

目標評価段階で「できました」、「こんなレベルでできたなんてとても認められない」というやり取りも定性目標の評価場面においてよく聞かれます。定性目標の場合は、目標達成内容を納品と品質の両面で事実確認することがポイントです（図表2－21参照）。

● 図表 2 - 21　納品要件と品質要件の全体図 ●

	内容	チェックポイント
納品要件	当期間内に当初の成果を達成できたか	目標をやり遂げたことを証明するアウトプットを納期までに出したか
品質要件	達成内容は的確であったか	アウトプットはどのような状態であるべきか、その通りに仕上げているか

　納品要件と品質要件の2つでチェックするということは何も目新しい考えではありません。例えば外注先の管理において、現在使っている外注先に信頼がおけず、別の業者に切り替えてみようという場合、どのような判断基準が使われるのかを考えてみてください。

- そもそも納期を守れない　→　納品要件に当たる。
- 納期は守るが、品質がバラバラ　→　品質要件に当たる。

　目標設定場面において、何を納品物として期待するのかを決めておくとともに品質内容はどのような点をチェックすべきか、どんな状態を目指すのかを決めておくことが大切です。定性目標でよく見られる手順書作成という目標について、納品要件と品質要件を具体的に考えてみましょう（図表2 - 22参照）。

第2章 目標による管理の活用

●図表2-22 納品要件と品質要件の事例●

達成基準
情報システム運用手順書の作成

納品要件	どのような成果物に仕上げるのか	運用手順書が作成され、9月末までに提出されていること
品質要件	どのような内容であれば"達成した"と判断するか	①経験の浅い社員でもわかりやすい内容に仕上げていること ②人によってやり方が違う作業手順を統一して、急所と思われる点も整理されていること

　納品要件と品質要件の両面で目標を具体化することはメンバーへの目標の落とし込み場面でも有効です。目標の設定面談において、上司は自身の胸の内にある、「この目標については、単につくればよいというわけではなく、こういう内容で仕上げてほしい」という思いを品質要件としてメンバーに明示することが大切です。

　これを具体的に伝えないで終わってしまうと、メンバーは自分の頭の中で自分のイメージでできばえを考えるしかありません。その結果、期末面談でお互いの認識にギャップがあったことを初めて知っても、もう後戻りはできません。メンバーからすると、そういうレベル感を持っていたならば、「最初からいってくれよ」と思うはずです。

　これではメンバーの納得感を得ることはできません。品質要件を具体的に伝えることでメンバーは目標の難易度、上司が期待しているレベルを知ることができるのです。

(2) 達成方法を筋道立てて考える力を磨く

　企業の経営層からは、管理職の目標設定シートを見ても本当に達成できるのかどうかピンとこないという話をよく聞きます。目標達成に向けた思いはわかるが、達成方法欄が漠然としている、あるいは前期の目標設定シートと

同じ言葉を繰り返しているだけ等、何をどうやれば今期の目標が達成できるのかという筋書きが見えないという話です。

　目標を具体化するにあたって達成基準を具体的に詰めるだけではなく、目標達成のためのハードル（乗り越えなければならない問題）は何か、それをどう解決するのかを十分検討する必要があります。そのために図表2－23に示す課題の具体化フローがひとつの参考になります。

　上記フローで一番大切なのは前期の目標への取り組みを振り返ったうえで、今期、何が「ハードル」なのか、それを「どう乗り越えるのか」について課題を具体化することです。これを目標設定シートの達成方法欄でチェックします。例えば、売上目標達成のための達成方法欄が、「売上進捗の確認」、「お客様や他社動向の情報収集」という一般論で終わっている場合はメンバーの考察不足を疑ってみる必要があります。

●図表2−23　課題の具体化フロー●

自組織の課題

ゴール （達成基準）	期間内に何をどこまでやるか、どういう状態にするかを具体的に記述する。

これまでは何をやってきたのかを整理する（必ず振り返りをさせる）。

これから取り組むべき問題を明確にする（ハードル）。

ハードル の乗り越え方 （達成方法）	達成基準を実現させる上での課題を具体的に設定する。

ハードルと乗り越え方の関係を図示すると図表2－24のように表現されます。

●図表2－24　ハードルと乗り越え方●

太い矢印線→ハードルの乗り越え方

　メンバーの目標設定シートにおいて達成方法を充実させるためには、以下の2つの質問をメンバーにしてください。

質問1　目標達成に向けたハードルは何？

　　　　　　　↳　しっかりした回答が返ってくるか？

質問2　そのハードルを前期までの教訓をふまえて、どう乗り越えるの？

　　　　　　　↳　しっかりした回答が返ってくるか？

　この2つの問いかけに対して、上司が納得できるような深い考察をメンバーが行っているのであれば何も心配することはありません。しかし、これらの問いかけに「さぁ、何でしょうかね、とにかく頑張ります」という漠然とした反応を示すだけで終わってしまうのであれば、目標の達成は到底おぼつきません。メンバーが前期の活動を振り返って教訓を見出し、論理的に筋道立てて目標達成プロセスを考えられるようになることを願って、ハードルは何か、どう乗り越えるのかを問いかけ続けてください。
　ここで実際に皆さんの職場における重要課題について、ハードルと乗り越え方を以下の枠組みで考えてみましょう。

第 2 章　目標による管理の活用

>[!NOTE] 演習：課題の具体化シート

自組織の課題

⬇

ゴール（達成基準）

⬇

これまでは何をやってきたのか（前期は以下のように取り組んだ等）

⬇

目標達成に向けたハードルは何か、何が障害となりえるのか

⬇

上記ハードルを今期はどのように乗り越えるのか（達成方法）

これまで組織目標の設定ポイントについて解説をしてきましたが、メンバーの個人目標の設定方法も基本的には同様の考えで対応します。皆さんの職場において筋道立てて問題を考察することが苦手なメンバーがいるのであれば、課題の具体化シートを使ってメンバーのシナリオ構築力を強化することをお勧めします。参考までにシート記入にあたってのチェックポイントを図表2－25に示しておきます。

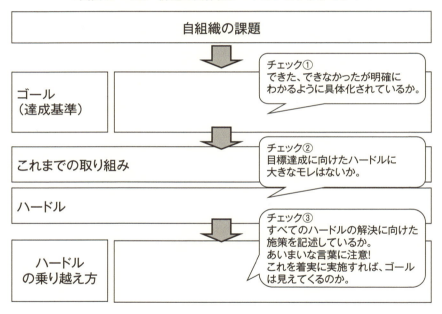

●図表2－25　課題の具体化シートのチェックポイント●

第 2 章　目標による管理の活用

第4節
メンバーへの落とし込み

1. メンバーを理解、納得させるためのポイント

（1）上司とメンバーの双方向コミュニケーション

　目標設定の3段階目のステップは上司からの期待をふまえてメンバーに目標を落とし込む場面です。これまでのステップで上司なりに組織の構想を描き、重要課題を抽出したうえで何をどこまでやるのかを目標として具体化してきました。ここからは上司がミーティングや面談を通じて、メンバーに今期の重要課題を明示することになります。

　上司からの一方的な上意下達だけでは本当にメンバーは理解してくれるのかどうかがわかりません。例えば、毎日の朝礼で上司が自分なりの考えを述べてもメンバーの反応が鈍く、自分の考えを本当に理解しているのかどうかがわからないという話を聞くことがあります。もし上司自身が一方通行の話を押し付けるだけであれば、問題はむしろ上司にあるということになります。この場合、上司からメンバーに対して、自分の発言の主旨がわかったのかどうか、どのように理解したのかを質問することで、メンバーがどの程度理解しているのかをつかむことは可能なはずです。このような双方向のコミュニケーションが目標の落とし込み場面でも大切になります。

　目標の落とし込み場面において、上司は以下の点を意識しながら自身の思いを伝えていきます。

> チェックポイント
> ・メンバーは自分たちの置かれた状況がどのようなものかを知りたいという欲求がある。置かれた状況について情報を集め、それが一体どのようなものなのかを知らせるのが上司の役割。
> ・なぜ今期、その目標に取り組むことになったのかという背景を自分の言葉で伝える。
> ・伝えて終わりではない。あなたはどう思うのかを問いかける。これで双方向のコミュニケーションができる。

(2) 目標に取り組む意味を伝える

　メンバーに対して、ある目標に前向きに取り組んでもらうように働きかけるためには、まず上司の期待をはっきりと伝えておく必要があります。しかし、訳もわからずにただ「この目標をやれ」といわれても、なかなかやる気になれるものではありません。メンバーはそれをやることの必然性を理解することができませんし、納得感にもつながりません。

　メンバーに取り組んでもらいたい目標について、理解、納得させるためには、以下の2つのポイントに配慮しながら話す必要があります。

1) 目標の大局的な意味を伝える
　＝「その目標は大局的にはどのような意味があるのか」
　・その目標はどのような目的を実現するためのものなのか
　・目的を実現するうえで、その目標はどのように重要なのか

2) メンバーにとっての意味を伝える
　＝「その目標に取り組むことが、メンバーにとってどのような意味があるのか」
　・その目標の、メンバーにとっての意義は何なのか

・その目標に取り組むことが、今後メンバーにどのように生きてくるのか

● 図表2-26　2つの意味を理解させる ●

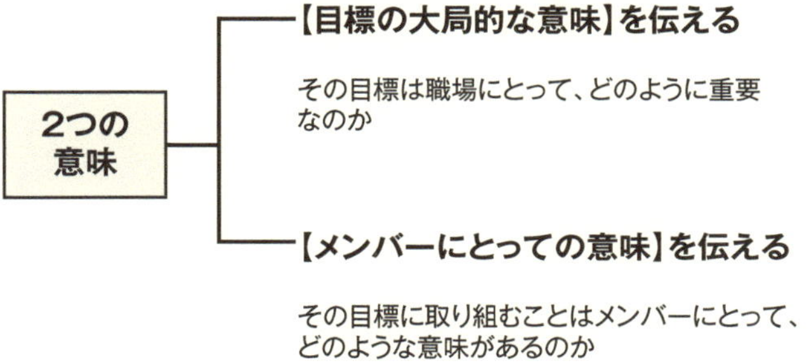

2つの意味
- 【目標の大局的な意味】を伝える
  その目標は職場にとって、どのように重要なのか
- 【メンバーにとっての意味】を伝える
  その目標に取り組むことはメンバーにとって、どのような意味があるのか

　目標の大局的な意味とメンバーにとっての意味を伝えることで、自分が担当する目標は単なる片手間の仕事ではない重要な仕事であり、かつ今後の自分自身のためになる仕事なのだという点をメンバーに理解させることができます。

　また、メンバーにとっての意味を伝えるには、「あなたも昇進昇格が近いから」等、一般論ではメンバーの心に染みておらず、動機づけにつながりません。メンバーにとっての意味を効果的に伝えるためには、メンバーの心の琴線に響くような言葉で伝えることが重要です。そのためにはメンバー一人ひとりが何に興味、関心を持っているのか、将来的にどうなりたいのかという思いを上司自身がつかんでおく必要があります。普段からどれだけメンバーと密接にやり取りができているかどうかが大切なポイントになります。メンバーの考えていることがさっぱりわからない、何を聞いてもうつろな返事しか返ってこない、今後どうなりたいのかがわからないといった状況ではメンバーを動機づけるどころではありません。まずは上司自身が本人の興味、関心を知ること、その人がどのようなことを求めているのかを理解することがコミュニケーションの第一歩であり、それこそが上司の仕事の第一歩であるはずです。

　どのような企業でも共通していわれることですが、メンバーの成長課題に

ついて話し合う場面をどれだけ確保できるのかが、これからのマネジメントの鍵のひとつになります。目標の設定場面においてメンバーの可能性を信じ、何をどのレベルまで、どのように実行するのかを本人に考えさせること、そしてメンバーの反応に対しては真摯に助言し、上司とメンバーの一体感を培うことが重要です。

　それではメンバーに取り組んでもらいたい目標について、理解、納得させることを、ある事例を使って具体的に考えてみましょう。

演習：目標に取り組む意味を伝える

以下の設問における状況において、不平・不満を述べるメンバーBさんに対して、皆さんはどのようにして、その目標に取り組む意味を伝えますか。

　新入社員CさんのOJTリーダーを任命しないといけない状況になった。いつもは職場の大ベテランのAさんに頼っていたが、そろそろ中堅のBさんも自分の仕事に集中するだけではなく、後輩育成をしてほしいと思い、CさんのOJTリーダーを目標設定として掲げてもらった。

　ところが、他のメンバーから、どうもBさんとCさんの仲が良くないのでは？との話が入ってきた。これをBさんに問うと、「CさんのOJTリーダーを辞めさせてほしい。経験もないくせに一人前の言葉をぶつけてくるし、独り合点で些細なミスも多い。自分が指示したって言うことを聞かないことがある。いったい何を考えているのかわからない。」と散々である。

　こちらから何かを言う間もなく、「Cさんに愛情を感じません」、「Cさんにやらせるより私がやった方が正確で早いです。」という反応しか返ってこなかった。

第2章 目標による管理の活用

```
後輩育成という目標の重要性



Ｂさんが取り組むことの重要性


```

解答例

```
後輩育成という目標の重要性
　　いつまでも自分がやった方が早いとの意識では、経験の浅い人が育
　たない。我々が会社や組織の期待にこれからも応えていくためには、
　メンバー全員のレベルアップを図って、お互いの仕事を補っていく
　ことが不可欠なのだ。

Ｂさんが取り組むことの重要性
　　これまでも仕事に意欲的に取り組んできたことは大いに評価する。
　しかし、今後は後輩を育成できるかどうかも期待されてくる。Ｂさ
　んの今後のキャリアのためにも人を育てる能力は不可欠になるはず
　だ。また、後輩を育てあげることでＢさんがより難易度の高い仕事
　に取り組むきっかけとなるはずだ。
```

(3) 動機づけの効果を高める見通しづけ

　目標に取り組む意味を伝えることで目標の設定段階において上司からの期待を伝えることが可能になります。それでもメンバーの中には以下のように受けとめる人もいるかもしれません。

　「その目標の重要性、そしてなぜそれを私が担当するのかという意味もわかったけれど、今でも目一杯忙しいのに、本当に私にできるのだろうか？」

　ここで上司からもう一つ伝えるべきことがあります。それが見通しづけという考えです。目標という形で上司から今期の期待を伝えるだけではなく、目標達成に向けて上司自身がこういうサポートをする、周囲のメンバーもフォローするように上司自身から指示をするとの言葉があって初めて、メンバー自身も、そこまで見ていてくれるならば、何とかやれるのかもしれないという気持ちになります。

　単なる丸投げではなく、必要な場合は職場ぐるみで手助けをしてくれるという思いがメンバーの前向きな行動を引き出すポイントになります。2つの意味を理解させるとともに見通しづけもしっかり伝えることが目標の設定場面では必要です。

目標の落とし込み場面で意識したいこと
①目標に取り組む意味を理解させる
　　・その目標はどのように重要なのか
　　・なぜそれを、そのメンバーにやってもらいたいのか
②見通しづけ
　　・上司としてのフォロー、支援策を提示

2. 人を動かすコミュニケーション

　上司の立場としては、メンバー一人ひとりに前向きに目標に取り組んでもらいたいと思うはずです。やらされ感ではなく、主体的に取り組む姿勢を引き出すためには上司自身が説得力を持ってメンバーに関わることも大切です。

　しかし、自分の説得力に自信がない、どちらかというと苦手という人もかなり多いようです。産業能率大学は東京・代官山でオープンセミナーを開催していますが、受講動機を聞くと、「自分の考えや思いをうまく伝えることができない。相手もなかなか納得してくれない」という声が多く、研修への参加を契機に自分自身の説得力を高めたいとの思いを持つ人が多いようです。

　上司は目標の設定場面を通して、メンバーに前向きに目標に取り組んでもらうためのエネルギーを与えていかなければなりません。そこで自分の思いを伝えて理解してもらう説得力が大事になってきます。

　説得力はどのように高められるのでしょうか。図表2－27で説得の3要素を図示します。それぞれがどのような内容なのかを説明しましょう。

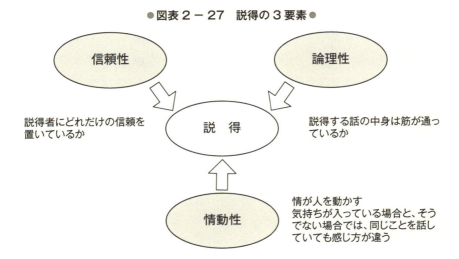

●図表2－27　説得の3要素●

第一に図表右上の論理性です。論理的に頭の中を整理し、わかりやすく筋道立てて相手に話していくことが説得力強化の基本です。第二に図表左上の信頼性です。相手に対する信頼感が周囲の人を動かす基になるという考えです。第三に図表下の情動性です。気持ちが入っている場合とそうでない場合では説得力も変わってくるという考えです。以下では、この説得の3要素について重要なポイントを確認しておきたいと思います。

（1）論理性

　論理性を持って相手を説得するうえで重要なことは2つあります。第一に課題形成の所でも述べた自組織の構想を持つということです。なぜあなたに、その目標をやってもらいたいのかということを伝えるうえで自分なりの考えを整理しておくことは欠かせません。第二に主張と論拠をセットにして話すということです。ここでは第二のポイントについて説明をしていきます。

　第二の点について、研修場面で受講生からよく相談されることがあります。それは自分の言葉に影響力がないという悩みです。普段の会議場面でも、研修で討議する場面でも自分なりの考えを述べても、いつの間にか自分の意見が議論の中から消えてしまい、自分の考えを基にして議論を主導することができないということです。もちろん、さまざまな原因があげられますが、特に多いのが主張と論拠をセットにして説明できていないということです。「私は白か黒かというと白だと思います」ということはいえるのですが、なぜ白なのかという理由を説明せずに終わっているのです。

　「私はこう考える、なぜならば〜」という形で自分の考えを伝えることで初めて周囲の人に自分なりの意見が伝わります。私はこういう論拠を持って意見を述べているという所まで説明することで意見に強さが出てきます（図表2-28参照）。

●図表 2 − 28　結論と論拠●

| 結論 ＝ 主張したいテーマ |

↑

| 論拠 ＝ 主張を信じられることができる根拠 |

説得力ある説明のためには必ずセットにして伝える必要がある

（2）信頼性

　風邪気味で病院の診察を受けて処方箋をもらったら、何も疑問に思わずに処方箋に書かれた薬を飲むでしょう。医者が間違った判断をすることはないという信頼感が薬を飲むという行動の基になっているのです。信頼性は論理性と違った意味で人に行動を起こさせる要因になります。
　職場において、以下のようなやり取りに出くわすことはないでしょうか？

> その意見は誰がいったんだ？
> あぁ、Aさんがいったのか。だったら間違いはないよ。その通りに動いても問題ない。

　これはAさんの考えには間違いがないという信頼感が周囲に影響を与えている一例です。周囲に対する説得力を高めるために普段のコミュニケーションを通じて、自分に対する信頼感を醸成しておくことが大切です。

（3）情動性

　何とか自分の考えをわかってもらいたいという気持ちの強さが情動性です。単に意思表明して終わりということではなく、周囲が理解してくれるまで働

きかけるという姿勢です。ただ熱くなれといっているのではありません。単発の意見を投げかけるだけで終わることなく、私の考えをどう思いますか？と尋ねたり、粘り強く自分の思いを相手に届けようとする思いを持ち続けることが大切です。

　どんなに論理性が高くても残念ながら情動性に欠ける人も多いようです。あの人は大変頭の切れる人であり、発言はいつも切れ味が鋭く、また大変的確であると評価される人であっても、自分の考えをすべて話したら沈黙してしまい周囲に対する働きかけ、巻き込みが乏しいという人がいます。これでは対人影響の範囲が限定されてしまいます。論理性と同様に情動性にあふれる人を目指すことで自らの説得力がさらに高まります。論理性と情動性の両面で自分自身に足りない点は何なのかを振り返ることをお勧めします。

3. 組織運営力を高めるために

　いろいろな企業を訪問すると、管理職の問題点として、メンバーに厳しい要求をいえない、メンバーに自らの仕事をどうしても任せられないという声を聞きます。メンバー自身の問題点を把握しておきながら、対立・葛藤を避けたい心理が働いて、結局、何もいわないほうが楽となってしまいます。

　メンバーの成長を念頭に置いて、敢えて厳しい期待を伝えることを筆者たちは厳格性という言葉で表現しています。厳格性は管理職にとって必須です。しかし、実際には評価のフィードバック場面でメンバーとぶつかることを避けたいという心理が働いたり、そもそも自分自身に自信がないので、メンバーにものを申すことができないという人もかなり多いように思います。

　フィードバック面談で何をなすべきなのかという点については第3章に譲ることにして、ここでは自分に自信が持てないことに焦点を当てて取り上げます。

　ある企業の研修で、自分は現在の部署に異動して、まだ6ヵ月しか経って

おらず、メンバーのほうが専門知識のレベルが高いので、今の段階でメンバーに何もいえる立場ではない。メンバーと同等の専門知識を身につけることを心がけたいという話をした受講者に対して、発言を聞いていた人事部長が「専門知識を磨かないと指導できないというならば、わが社にいる必要はない。そんなことしかできないのなら管理職研修に参加する必要はないので今すぐ帰ってくれ」と厳しく叱り飛ばしたことがありました。

　どのような状況であっても、自分自身が管理職として働くのであれば、たとえ専門性に劣るとしてもメンバーの成長を見据えて、いわなければならないことはきっぱりいい切る姿勢が求められます。自分に自信が持てないということについて、言い訳を繰り返すだけでは袋小路に陥ってしまいます。自分自身がメンバーにまだまだ信頼されていないという気持ちがあると対立や葛藤を恐れる状況になりがちです。大切なのはメンバー一人ひとりに愛情を持ち、今後の成長のために自分の経験と思いをさらけ出して、メンバーにぶつかっていくことです。

　まずはメンバーの至らぬ点を指摘する前に、自分自身がメンバーのやる気をそぐようなことをしていないかを振り返ることが大切です。そのうえでメンバーの強みを把握して評価することが大切です。あの人はここが弱いという思考に陥ることなく、彼・彼女のよい点は何か、どのように活かしていこうかという形でメンバーを見つめることが大切です。

　いろいろな企業を訪問して実感するもう一つの事例は、メンバーに仕事を任せることができず、つい自分でやってしまうという人が多いことです。皆さんは、図表2－29の各項目についてどの程度身に覚えがあるでしょうか。自分自身でチェックしてみてください。

●図表2－29　意識転換のためのチェックポイント●

□メンバーに任せるより、自分がやったほうが早い。
□メンバーに仕事を依頼することが面倒だと感じることがある。
□メンバーに仕事を任せて失敗するのは嫌である。
□メンバーに任せた仕事でも、細かい部分まで自分の思い通りでないと気がすまない。
□メンバーに仕事を頼むよりも自分でやってしまうほうが、気が楽だと思う。

　上記設問に自分自身が投影できたとしたら、なかなかメンバーに仕事を任せられない自分がいるのかもしれません。メンバーの仕事が心配でたまらないので細かく注文、指示を繰り返せば、メンバーは自分自身の判断が許されず、一つひとつの場面で上司がどう思うかということばかりを気にしてしまいます。これでは自主性は育ちません。上司自身が自分の仕事に責任感を持つことは当たり前ですが、全部自分でやってしまうのではなく、経験の浅いメンバーの育成を鑑みて、敢えて任せてみる心の余裕が必要です。

　自分がやったほうが早い、確実である、メンバーに任せて失敗したら目も当てられない、そもそも自分が担当している仕事は極めて重要な仕事であるから等、さまざまな理由が背景にあるのは確かです。しかし、そういう組織では人材が育ちません。自分のほうが完璧にできると確信していても、メンバーの可能性を信じ、自分がフォローすれば何とかなるという仕事は思い切って任せることです。もちろん1回の指導でメンバーの考えや行動が変わるわけではありません。辛抱強く何回も指導していく中で、少しずつメンバーが成長していくのです。「彼は何度いってもわからないから」ということであきらめることなく、根気強く指導していく姿勢が上司には求められます。

　研修場面でも熱が入ってくると、グループメンバーに顔を向けることなく、

議論を取りまとめるホワイトボードだけを睨んで、ついつい自分なりのストーリーをメンバーの了解を得ずして押し通してしまう人がいます。責任感と主体性の面では評価できるのですが、管理職であれば周囲のメンバーを活かして成果をあげる姿勢も強く求められます。

　議論が膠着状態になって前に進まない場面に置かれても決して独り相撲に陥ることなく、いかにして周囲の知恵を引き出して議論を前進させるか、こうした視点の広さ、柔軟性もメンバーの指導を担う上司には求められます。普段、接しているメンバーに対して、「つい上司自身がやってしまう場面はないか」、「普段から自分に仕事を任せてくれていないという思いを感じたことがないか」を尋ねてもよいのではないでしょうか。

第5節
メンバーの目標のチェック・承認

1. 目標チェック場面での悩み

　上司とメンバーの間で組織目標の共有がなされた後は、メンバーが目標設定シートを記入し、これを上司がチェックしていくことになります。この場面でよく聞かれる悩みは以下の3つです。

- 日々の仕事に追われ、目標の面談時間がとれない。忙しいので、いつも面談が後回しになっている。
- 目標設定面談で何を伝えたらよいかがわからない。自己流でやってはいるが、そもそもメンバーに何を考えさせ、上司として何を伝えるのかを教えられたことがない。
- 目標設定シートのどこをチェックしたらよいのかわからない。自分なりにメンバーのシートは見ているが、その目線が正しいかどうかは不明。他の上司が何をチェックしているのかも知らない。

　管理職が各自、我流で目標をチェックしており、本来何をメンバーに伝えるべきなのかがわかっていないという話を多くの企業で聞きます。ここでは目標設定面談で考えるべきこと、そして目標設定シートの何をチェックするのかという点について解説をしたいと思います。

2. 目標設定面談の位置づけ

　上司とメンバーの認識を一致させる場が目標設定面談です。メンバーの等級や役割、各人への期待に照らし合わせて的確な目標設定を行い、そしてお互いのコミュニケーションを促進させる場として、面談を活用します。

　日常業務であれば、上司が考え指示し、メンバーが指示に基づき行動することになりますが、これまでに経験したことがないチャレンジングな目標に立ち向かう場合はメンバーも積極的に参画させて知恵を出し合います。目標による管理が形骸化している会社はメンバーにお任せという状態になっていることが多いものです。目標設定の事前調整が不十分な場合、以下のような問題が発生することになります。

・目標が漠然としたあいまいなものになる
　　いつものフレーズ、抽象度の高い目標だと取り組みが安易になってしまう
・達成基準が低くなる
　　自分の得意分野、同じ仕事を繰り返したほうが楽であり、評価も良くなる流れになってしまう
・中期的な課題、難しい課題を避けるようになる
・組織ぐるみであいまいな目標設定を行う
　　馴れ合い状態になり、チャレンジングな問題意識がつぶされる

　目標設定面談を通じた、上司による的確な指摘がメンバーを成長させます。目標設定シートを何もチェックせずに、ただメンバーから受け取るだけでは放漫管理の始まりです。面倒くさい、手間がかかると認識するか、チャレンジングな目標達成やメンバー育成のために取り組んでいかなければならないと認識するかが成否の分かれ道です。不十分な目標設定はメンバーの問題で

すが、それを承認すれば承認した上司の責任の問題でもあります。

3. 目標設定面談の実施ポイント

（1）事前準備

　目標設定シートを面談の前に提出させて、その内容をチェックし、実際の面談で話題にするべき点、本人に気づかせる点、反省させるべき点、日頃のメンバーからの意見具申に対する対応策等について十分考えておくことが大切です。面談の事前準備物として用意しておく資料は以下の3つです。

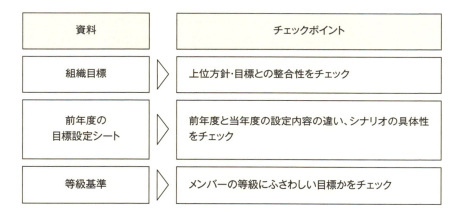

　上記の準備に基づき目標設定シートをチェックし、指導していくわけですが、上司として事前に検討し準備すべきポイントは以下の4つです。

- ・目標設定シートの良い点
- ・目標設定シートの不十分な点
- ・達成基準や達成方法等への確認点、質問点
- ・メンバーへの期待内容

（2）面談実施

まずメンバーに目標設定シートの内容を説明させます。特に自分の役割や上位方針と目標設定シートの整合性、前期の教訓をふまえて新たに工夫したいポイント等を説明させます（図表2-30参照）。

● 図表2-30　面談の流れ ●

部下の説明	上司の対応
前期の評価済み目標設定シートをふまえて、何が教訓として残ったのかを説明させる。	上司のチェック 教訓内容は確かに的を射ているか。
今期の目標取り組みにあたって、その教訓をどう活かすのかを説明させる。	上司のチェック 自分なりの創意工夫、前向きなチャレンジ意識が感じられるか。
今期の目標管理シートについて以下の順で説明させる。 ①目標として取り上げた理由 ②具体的な達成基準 ③目標達成に向けたハードル ④ハードルの乗り越え方	上司のチェック 達成基準や達成方法は筋道立てて具体的に考えられているか。

次に上司は説明の背景、理由などについて質問し、対話をしながらメンバーを指導します。面談は上司が一方的に話をして終わりではなく、メンバーの内なる思いを聞く場面でもあります。メンバーへの質問を通して本人の日常の業務遂行状況や悩み、要望もヒアリングします。

目標設定シートが不十分であると判断した場合は、その理由を示しながら、差し戻し、修正の指示をします。安易な承認は組織全体の目標達成の障害になるばかりか、メンバー自身の育成にもなりません。

最後に面談を通じて確認したポイントについてお互いで再確認します。メンバーの目標が上位目標や上司の期待に合致しているか、等級や職責からみ

て相応しいかを十分に検討し、合致していない場合は、本人に対してフィードバックして具体的に指導をします。メンバーに取り組ませようとする目標について、上司とメンバーの認識ギャップを埋めることが大切です。

　日頃からメンバーとの間でコミュニケーションがないまま、目標設定面談において、あらたまってメンバーの思いを聞こうとしても、メンバーの自己防衛意識が働き、上司が期待するようなやり取りにならないこともありえます。日々の業務を通して、「あなたに関心を持っているんだよ」、「あなたの目標達成に向けて、上司としてフォローしていきたいんだ」という思いを伝えることが大切です。

　目標設定面談はメンバーへの落とし込みの所で紹介した目標の意味とメンバーにとっての意味の2つを活用して、メンバーを動機づけていく場面でもあります。

・目標の重要性
　　→外部環境、内部環境、職場事情等をメンバーが理解し、なぜその目標を掲げるのかを具体的に説明します。
・メンバーにとっての重要性
　　→メンバーのキャリア開発の希望を聞くことで本人の認識を理解するよう注力します。本人の夢や希望を見定めて、なぜ他ならぬあなた自身に取り組んでもらいたいのかを説明します。

---

4. 目標のチェックポイント

　目標設定シートのどこをチェックするのかという目線あわせができていない企業が非常に多いのが現実です。上司の指導内容がばらついていては目標による管理の全社的レベルアップや着実な人材育成にはつながりません。今こそ上司間で目標チェックについての共通目線を持つことが重要にとなります。

基本的な目標のチェックポイントとして押さえたい視点は以下の5つです。

押さえどころ①

<u>上位方針との連動を考える</u>

　　上司が指示した内容が目標設定シート上に落とし込まれているか。

　　※好ましくない例→営業数値だけでなく、メンバーのスキルアップ
　　　　　　　　　　や業務改善についても設定してほしいのだが、
　　　　　　　　　　メンバーのシートは営業数値のみ。

押さえどころ②

<u>他責で終わらない</u>

　　自分の責任・権限では達成できない内容になっていないか。

　　※好ましくない例→レントゲンの撮影件数200件としながら、これ
　　　　　　　　　　ができるかどうかは医者次第。医者がレントゲ
　　　　　　　　　　ンを撮りましょうと勧めてくれない限り目標は
　　　　　　　　　　達成できない（私は悪くない、医者が悪いのだ）。

押さえどころ③

<u>前期と今期の目標設定シートのつながりを説明させる</u>

　　前期の目標への取り組みを通して何を教訓とし、それを今期の取り組みにどう活かすのか、前期と何が違うのかという視点で前期と今期のPDCAをつなげて考えているか。

　　※好ましくない例→達成方法欄が前期と今期でまったく同じ。
　　　　　　　　　　単なるコピー貼り付けで終わっていて、自分の
　　　　　　　　　　仕事を振り返って次に活かすという習慣が身に
　　　　　　　　　　ついていない。

押さえどころ④
目標を達成するための具体的なシナリオを考える
　　目標達成に向けた達成方法は、前期の振り返りを踏まえて具体的に内容に仕上げているか。「ハードルと乗り越え方」を筋道立てて検討しているか。
　　※好ましくない例→達成方法が単なる業務手順で課題になっていない。6月に原案を作成し、7月に上司承認をもらい、9月に実施というスケジュールの話に陥ってしまう。
　　　　　　　　　→単なる机上の空論であり達成基準クリアの裏付けが弱い。

押さえどころ⑤
目標の達成基準を具体的に設定する
　　期末評価面談でメンバーとの意思疎通の足りなさが露呈することを防ぐために、特に定性的な目標の達成基準について「できた、できなかった」を明確にしているか。
　　※好ましくない例→「強化」「推進」「徹底」という言葉レベルで終わってしまう。

5. 目標設定のレベルアップに向けて

　目標による管理をレベルアップするために管理職研修を行う企業は多いですが、1～2日で研修を実施しても、それだけでは目標による管理のレベルは上がりません。人事部は「やったつもり」、管理職は「受けたつもり」だけでは決して目標による管理のレベルは上がりません。研修はあくまでも起点です。研修で得た知識を、その後のマネジメント実務に全社的に活かしてこそ目標による管理のレベルが上がるのです。

　特に目標設定のレベルを上げるために全社で検討すべきポイントは以下の3つです。

1）目標設定シート内容について、具体的にどこの組織が的を射ていて、どこの組織があいまいなのか

　これを検証することで各組織のマネジメントレベルの良し悪しも如実にわかります。ある企業において全社員の目標設定シートをチェックし、筆者から特定部門の目標設定がすべて漠然としていて、筋が通ったシートに書き上げられていないと報告したところ、社内でも以前から該当部門のマネジメントレベルが問題視されているという事例がありました。目標設定シートの内容とマネジメントの出来、不出来は実は関連性があるのです。

2）組織目標は上位方針との整合性や自部門の将来的な課題をふまえているか

　各組織が上位方針や部門の将来像との関係性を意識せずに、目の前のやるべきことにとらわれて、「これしかない」という形で目標展開を実施している場合もあります。残念なことですが上位方針との連動や組織横断的な目線が完全に欠けている目標設定シートもよく見受けられます。

　上位方針を受けとめて、背伸び感のある目標設定ができているのか、上位

目標との連動性があるのか、目標による管理をうまく進めるうえで各組織がどのような工夫をしているのかを全社で共有する必要があります。

管理職は上位方針との整合性を常にチェックするとともに、他の組織に対しては対立や葛藤を恐れずに、その目標内容について不十分な点があれば是々非々で議論する姿勢が求められます。

3）職種別、等級別、目標種類別に見ると、どのような問題があるのか

組織単位ではなく、例えば同一等級の社員の目標設定を横断的に見た場合にも目標設定レベルに大きな違いが見られることがあります。

例えば、以下の事例がよく見受けられます。

- 営業支店の事務社員に対して、担当業務の範囲内で改善目標などを設定させている組織がある一方で、営業支店全体の売上目標達成を一蓮托生の目標として事務社員の目標としてしまう組織がある等、そもそも該当職種に対して、どのような目標を設定させるのかという点があいまいで組織間の整合性がとれていない。
- 提案件数目標において、ある部署は10件、別の部署では3件という形で達成基準に大きな差がある。また、どのような提案であれば認めるのかという提案レベルについても具体的な目線あわせができていない。

このように上司の判断によって等級別の目標設定レベルに大きな違いが出てきます。同一等級で見た場合、各組織は、どのようなレベルで目標設定をしているのか。職種別で見た場合、どの組織が的を射た目標設定を実現できているのかを全社的にチェックします。

課長や部長レベルでは、全社的な目標設定レベルを俯瞰して見ることが難しいので、全社的に目標設定の好事例を共有する必要があります。ところが、すべてを現場任せにしてしまう企業が多いのです。

目標による管理のレベルアップに向けて、人事部も感覚的な印象で語るの

ではなく、目標設定シートを調べ上げたうえで、どの部門が模範的に実施しているのか、どの部門が甘いのかを事実として確認する必要があります。目標設定の甘さ、イコール、マネジメントの甘さです。上位部門の目標と連動した組織目標を設定しているのか、目標達成に向けた「ハードルと乗り越え方」は具体的で筋が通っているのか、不十分な目標設定シートの記述をそのまま受け流していないのかをきちんとチェックし、不十分な場合は再検討を促すことが人事部の役割です。

　管理職に対する研修実施だけでなく、目標設定シートの記述内容についても全社的なレベルアップに向けた検証を行わないと「一応やったつもり」で終わってしまいます。ぜひ目標設定シートの全体傾向を分析し、目標設定レベルが劣る組織に対しては個別に具体的な指導を行うことを心がけてください。

第6節
総合演習

1. 目標設定シートをチェックする

これまでの解説をふまえて、読者の皆さんにも実際に目標設定シートをチェックしていただきましょう。

以下に6つのケースを用意しています。目標記述内容を見たうえで、その内容のどこに問題があるのかを設問下の空欄に回答してみてください。

※回答例は6つのケースの後ろにあります。

ケース1)

目標項目（何を）	達成基準（どれだけ）	達成方法（どのように）
確実な業務の遂行	1週間、1カ月といった業務の流れを把握する	・指導してもらったこと、覚えたことをメモする ・全体の流れの中で自分の仕事がどういう位置づけなのかを理解する

記述内容のどこに問題がありますか

ケース2)

目標項目（何を）	達成基準（どれだけ）	達成方法（どのように）
品質安全管理の徹底	品質管理マニュアルの作成	・各部署の現状調査 ・上記の結果をふまえて早期にマニュアル作成

第2章 目標による管理の活用

▽

記述内容のどこに問題がありますか

ケース3)

目標項目（何を）	達成基準（どれだけ）	達成方法（どのように）
コミュニケーション強化	担当者会議の実施	担当者会議の日程を調整し、2カ月に1回行う

▽

記述内容のどこに問題がありますか

ケース4)

目標項目（何を）	達成基準（どれだけ）	達成方法（どのように）
工場設備の点検・補修の着実な実施	補修計画の完全実施	・日常点検を通じて補修計画を実施 ・問題発生時は早期解決を図る

▽

記述内容のどこに問題がありますか

ケース5)

目標項目（何を）	達成基準（どれだけ）	達成方法（どのように）
在庫削減	全体的な流れにおいて工数削減、簡素化	出荷ラインの現状把握

記述内容のどこに問題がありますか

ケース6)

目標項目（何を）	達成基準（どれだけ）	達成方法（どのように）
基本知識のレベルアップ	半期で勉強会5回以上参加	社内勉強会への積極的な参加

記述内容のどこに問題がありますか

第2章　目標による管理の活用

演習回答例

ケース1）

目標に掲げた「確実な業務遂行」として、1年後に何ができるようになるのかを達成基準欄で具体的に記述すべきでしょう。達成基準と達成方法がともに実現のための手段になっています。

ケース2）

単に「マニュアルの作成」だけでなく、どのような内容にしたいのかを具体的に設定するべきです。このままでは期末評価段階で上司とメンバーの達成レベルに認識ギャップが生じることになります。詳しくは本章の第3節 組織目標の具体化ポイントの「納品要件と品質要件」のページをご覧ください。

ケース3）

事務部門でよく見られる記述内容です。目標が何なのかが全く理解できていない事例です。会議を実施するということは定例業務であり、目標ではありません。会議を通じてコミュニケーションの強化を図り、何を実現するのかというゴールを達成基準で明確にする必要があります。

ケース4）

自らの担当業務をそのまま書いており、「補修計画の完全実施」のために何が課題なのかが明記されておらず、達成基準と達成方法がほぼ同じ内容で終わっています。自分にとって重要な仕事であるならば、なおさら、その仕事の高度化、標準化、効率化のために何をやっていくのかを具体的に記述しなければなりません。

ケース5)

まず目立つのは、どれだけ削減するのか、簡素化するのかという達成基準が漠然としている点です。簡素化とは何をやり、何をやらないのか、どこまでやるのかです。このことが具体的にイメージできていないので、「状態記述」を使って到達レベルを具体化する必要があります。また、達成方法も一行で終わっており、目標達成に向けた知恵出しや新たな工夫が感じられません。目標達成のためにも本人のレベルアップのためにも具体的に内容を詰めるべきです。

ケース6)

目標をできるだけ数値化しようとすると、このような達成基準になってしまいます。

ここで問いたいのは、勉強会の回数ではなく、何をどこまでレベルアップするのかということです。「担当業務への理解を深める」という記述もよく見受けられますが、いずれにしても達成基準があいまいです。1年かけて、メンバーに、こういうことができるようになってほしいというあなたの期待をふまえて目標設定を指導すべきテーマです。

　如何でしたでしょうか。目標設定を的確に行うためには一人ひとりの目標設定シートを細かくチェックしていく必要があります。本人の等級に連動した目標設定ができているのか、上位目標との連動性はどうか、目標達成に向けたシナリオは筋が通っていて具体的であるか等、各人のシートをチェックする必要があります。

2. こんなとき、どうする

次に目標による管理の活用場面において、よく起こる問題に取り組んでみましょう。

これまで解説してきたとおり、目標による管理の目的は成果開発と人材育成にあります。そのためには目標設定シートの内容をチェックするだけではなく、PDCAサイクルがうまく回っているかどうかに常に気を配り、目標による管理の活用レベルを高めていかなければなりません。

以下に、目標による管理を行っている企業でよく聞かれる3つの話を取り上げました。皆さんはどう対応しますか。

例題1）

事務部門は定型的な仕事が多く、営業のような明確なチャレンジ目標が立てられない。毎年、高いレベルの目標設定はできない。 こういう問いかけがきたら、皆さんならどうしますか？
皆さんの考え

例題 2）

　生産部門として、毎期、労働災害の発生ゼロを当然の目標として掲げているが、一生懸命に取り組んでも、最終評価は「目標達成＝評価Ｂ（期待どおり）」で終わってしまう。やって当然という目標だけではメンバーを動機づけられない。
　こういう問いかけがきたら、皆さんならどうしますか？

皆さんの考え

例題 3）

　目標による管理のマニュアルなどは以前から整備しており、適正活用のポイントも細かく記述し、管理職に配布しているのだが、現場の活用はそうなっていない。時間とエネルギーを使ってマニュアル整備をしたが、会社全体として理解できていない。
　こういう状況であったら、皆さんならどうしますか？

皆さんの考え

第 2 章　目標による管理の活用

　基本的な考え方
例題 1）

- **組織の存在意義を振り返る**

　　皆さんはどんな役割責任を期待されているのでしょうか。皆さんの組織はこれからも社内で必要なのでしょうか。存在意義は何なのか、周囲の期待に応えられていないことはないのでしょうか。組織にいると当然のことでも、一歩組織外から見ると、存在意義が疑われていることもあるかもしれません。自組織のお客様にあたる人々が、どのような期待や不満を抱いているのかをアンテナを高くして情報収集していかなければなりません。そうでなければ、いつかはアウトソーシングの対象になってしまうかもしれません。

- **慣れた仕事ほど注意が必要**

　　どのような仕事であっても、日々、不都合な場面に直面するものです。「今はもう慣れてしまっているが、本当のことをいえば面倒だ」、「もっと整理統合できないのだろうか」、「二度手間だ」、「いつも締め切りのギリギリになってしまう」等、どの組織でもムリ・ムダ・ムラを探すと、いろいろと革新のヒントが見つかるのではないでしょうか。

$$\left.\begin{array}{l}\text{目的}<\text{手段　ムダ}\\ \text{目的}>\text{手段　ムリ}\end{array}\right\}\text{ムラ}$$

　　「より正確に」「より早く」「より安く」「より楽に」「よりタイムリーに」という観点から仕事の効率を高めるための目標は見つかりませんか。数年間、同じやり方を続けているという仕事は特に要注意です。仕事のすべてに点検を加えていきましょう。

例題2）

- 結果だけでなく、プロセスを評価する

　担当業務の特性によっては、仕事ミスやトラブルがないことが至上命令で、できたか、できなかったかという2つの側面だけで評価されているのが現実だという仕事もあります。そういう組織は「できた＝B評価」も「できなかった＝C評価」の2択だけなのでしょうか。

　「ゼロ」だけが評価基準では、なかなかS評価やA評価につながりません。そこで考えたいのは、ミスが発生するのはなぜか、原因を分析して、その原因を取り除くための対策を評価に加味することです。「ミスをゼロにするために～を行う」という目標記述であれば、結果だけでなく、そのためにどのような工夫を行い、それを着実に実施したのかどうかを評価することができます。

◆事例：

紳士服店の販売員Aさん

　　今日、この店でスーツを買うというお客様が来店され、「これにします」と商品を自分に預けてくれた。結果的にスーツ1着を売ることができた。

紳士服店の販売員Bさん

　　どれを選ぼうか迷っている来店客に対して、商品への関心を慮りながら、コーディネートを考え、情報提供を行った結果、スーツ1着を売ることができた。また、このときの対応が評価され、次回の来店も確約される等、次につながる評判を得ることができた。

　この場合、スーツ1着を売ったという実績は変わりませんが、Aさんは何も努力をしていないのに対して、Bさんはいろいろなことを一

生懸命に考えながらお客様に対応し、次につながる評価を得たことがわかります。結果は同じでも、中長期的な業績の向上という観点からすれば、Bさんの行動を奨励、評価すべきです。目標による管理は結果だけでなく、そのために何をしたのかというプロセスも重要視しなければなりません。

例題3）

- **目標による管理の形骸化を防ぐ**

 目標による管理がうまく運用できていないという企業を訪問すると、マニュアルだけは詳細にできあがっており、本来、これをしっかり実施していれば、全国の企業のお手本になるのにと思われるようなケースに出会うことがあります。

 しかし、残念ながら社員の目標設定シートを拝見すると、誰もマニュアルの主旨を活かしておらず、極めてあいまいな記述で終わっている例が多いのです。

 社員一人ひとりに聞いてみれば原因は明らかです。目標による管理とは何なのか、何のためにやっているのか、これをしっかりやり遂げることにどんな意味があるのかを理解していません。マニュアルを整備して終わりとした人事部の責任は重大です。いったい何のために目標による管理を行うのか、目標による管理は方針管理や営業の予算管理と何が違うのか、自分が書いた目標設定シートのどこが不十分なのか等、現場は何も知らされていないのです。

 目標による管理を1年間実施してきて、どのような問題に直面したのか、どのような工夫があればよいと思ったのか、自分自身に欠けていた点は何なのかといったことを毎年、全社的に振り返る機会を持つべきです。目標による管理は、やっつけ仕事ではなく、マネジメントそのものなのですから。

- 各部門の知恵を全社的に共有する

    筆者の経験では人事部の指示に従うだけではなく、各組織で独自の工夫をしている企業に出会うこともあります。マネジメントとは何なのかを的確に理解している部門長が目標設定シートを使いやすいように修正したり、進捗管理のあり方を工夫する等、それぞれの立場の人が自分なりに知恵を出して、うまく活用している事例もあるのです。

    あらかじめ決めておいたルールの浸透だけにとらわれず、今、どこの部署でどんな工夫をしているのか、これは素晴らしいといえる事例があるのかどうかを一度、全社的に検証することをお勧めします。「できる」部門長がいる組織の目標設定シートは一味違います。

    また、全社的に目標設定シート記述の好事例も共有しましょう。隣の組織でこんな担当をしている、こんなチェックをしている、という部分がお互いにわかっていない場合が多いのです。短期目標だけでなく、中長期的な目標設定を心がけている組織、定型的な業務であっても革新的な目標を与えている組織等、目標による管理をレベルアップするための事例は案外、社内に眠っているはずです。

第3章

人事評価制度の活用

第1節 評価制度の活用目的

1．評価制度の活用面で見られる問題点

　第2章では、目標による管理の活用、特に目標設定のポイントについて解説をしました。本章では、設定した目標の進捗管理、成果と行動の評価、フィードバックといった人事評価の活用のポイントを解説します。また、本章でも演習問題を複数設定しています。皆さんの組織における状況をふまえながら理解を深めていただけると幸いです。

　早速ですが図表3-1を使用して、皆さんご自身の職場における「評価制度の活用」に関する問題点について、思いつくままに発散的で結構ですので書き出してみてください。

●図表3-1　評価制度の活用に関する問題点の洗い出しシート●

①	
②	
③	
④	
⑤	
⑥	
⑦	
⑧	

どのような問題点が抽出されたでしょうか。状況によって問題点は異なるでしょうが、よくある問題点として、以下のような内容が抽出されたのではないでしょうか。

- ✓ 評価の前提となる期中の進捗管理が不十分なため、メンバーの状況把握ができていない
- ✓ 評価者のスキルが拙劣である
- ✓ 評価者が評価の仕組みやルールを十分に理解していない（自己流で評価している）
- ✓ 評価のバラツキが大きい
- ✓ 評価の結果が全体に甘い
- ✓ フィードバックが不十分でメンバーの納得性が低い
- ✓ 点数づけで終わって、人材育成や能力開発に向けて評価制度が機能していない

これらの内容は、現場でよく聞かれる問題点であり、本章を通じて改善ポイントを解説したいと考えます。その前にここでは、これらの問題が生じる根底にある主な原因を整理します。それは、「評価制度の活用目的を理解していない」、「管理職の評価制度の活用能力が不十分」の2点です。

（1）評価制度の活用目的を理解していない

一番肝心なものが抜け落ちていることのたとえとして、「画竜点睛を欠く」という諺（ことわざ）がありますが、制度は道具であり、いくら立派な道具をつくっても使わなかったり、使い方を間違えたりすると逆効果にもなります。そこで、本章の導入部として評価制度の活用とは何をすることかを整理します。

評価は、図表3－2に示したように「査定」と「検証」の2つの側面に分けられます。「査定」とは、自社の評価基準に基づいて、S・A・B・C・Dといった評価ランクを決定することであり、その結果に基づいて昇給額や賞与支給

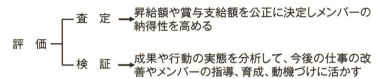

※納得性に向けた「査定の側面」と今後の成長に向けた「検証の側面」は両面とも重要ですが、組織貢献に向けてまず意識すべきは検証の側面です。

額が決定されます。ここでのポイントは、昇給額や賞与支給額の公正な決定とメンバーの納得性を高めることです。毎年の評価の蓄積によって、中長期的にはメンバーの処遇に格差がつきますので、管理職は、自社の基準やルールに基づき公正な査定に徹しなければなりません。

　この点は一般にも広く認識されていますが、注意しなければならないのは、評価が年に1回、または半年に1回の評価ランクを決定するための手続きで終わってしまうことです。その原因は、管理職が、評価は昇給や賞与を決定するための単なる査定手続きとしてしか認識していないからです。そのため、評価の時期だけの場当たり的な対応に陥ってしまいがちです。その結果、もう一つの側面である成長に向けた「検証」が無認識状態になります。

　「検証」とは、メンバーが生み出した成果やそこに至る行動の事実が、期待する基準に対して、なぜ、以上・相当・以下であったのか実態を分析して、その要因を明らかにするとともに、今後の仕事の改善やメンバーの指導、育成、動機づけに活かすことです。一言でいえば、反省して次に活かすことであり、今後（将来）の成長を考えることです。

　評価の活用目的について、査定の側面だけで検証の側面の認識が弱いと、環境変化に対応するために人材育成を促進し、成果を向上させる仕組みとして機能しなくなるので注意しなければなりません。配分の納得性に向けた「査定の側面」と今後の成長に向けた「検証の側面」はもちろん両面とも重要ですが、実務運用で意識すべきは検証の側面であることを見失ってはなりません。

（２）管理職の評価制度の活用能力が不十分

「A評価・B評価・C評価のせいぜい3ランクの違いを決めるために、なんでこんなに負荷がかかる取り組みをしなければならないのか」。ある評価者研修で、受講者からこのような質問を受けたことがあります。質問の背景を聞いてみると「売上目標を達成するために現場が日々苦労している中で、評価制度の運用に負荷がかかりすぎる」とのことでした。これは、上記の評価制度の活用目的を理解していない表れですが、活用目的が査定であれば、管理職が習得する評価能力は、点数をつけるための査定能力の範囲に留まってしまいます（査定のテクニックレベルの能力ですら不十分なケースも見られますが）。その結果、成長に向けた検証力、言い換えればマネジメント力を高めることは、無認識状況に陥るのです（図表3－3参照）。

●図表3－3　評価制度の活用で見られる問題点と主な原因●

検証の側面の問題	査定の側面の問題
評価を通じて次の成果や育成、動機づけを促進するための活用がうまくいっていない ・次の業績向上に活かされていない ・育成や動機づけにつながっていない	公正で納得性の高い評価を実現する活用がうまくいっていない ・自己流で評価 ・全体に甘い評価 ・フィードバックに納得性がない 等

原因：管理職の活用能力が不十分
日々、業績向上に向けて必死に取り組んでいる中で、評価は余計な仕事と認識し、年（または半年）に1回の昇給、賞与決定のための査定能力の範囲に留まっている

原因：管理職の活用目的の認識が不十分
年（または半年）に1回の配分の手続き

付加価値を生み出すことと、それを公正に配分することを比較すれば、付加価値を生み出すことが優先されます。評価制度の活用の負荷は、反省して次に活かすことによって付加価値を生むための負荷であると認識すべきです。

　いずれにしても、制度の活用目的を理解せず、制度の活用能力も不十分であれば、組織貢献に向けた評価制度として機能しないのは当然のことといえるでしょう。ちなみに、「図表3－1 評価制度の活用に関する問題点の洗い出しシート」で皆さんが書き出した問題点は、査定に関する表面的な内容に終始していなかったでしょうか。逆に、制度の活用目的の理解や管理職の活用能力について触れていたでしょうか。

2. マネジメントとしての評価

　誤解しないでいただきたいのは、決して査定の側面がどうでも良いというわけではありません。処遇に反映する査定の側面も、もちろん重要です。そこで、評価の公正さや納得性を高めるための評価制度の活用のポイントについて考えることとします。

　評価者研修の冒頭で、以下の演習を実施することがあります。評価の公正さや納得性を高めるために管理職はどのような対応をすることが必要でしょうか。考えられる内容を書き出してみましょう。図表3－4を使用して読者の皆さんも考えてみてください。

● 図表3－4　評価の公正さや納得性を高めるために必要な管理職の対応〔その I〕●

事例	①好き嫌いで評価しない ②部門内の方針や目標についてあらかじめ説明しておく ③評価基準に基づいて評価をする ④期中メンバーとコミュニケーションをとってメンバーの状況を把握しておく

①
②
③
④
⑤
⑥
⑦
⑧

　どのような対応が考えられたでしょうか。実はこの演習には続きがあります。次のステップとして、「書き出した対応項目は、期初・期中・評価時点のどの時点で特に意識する必要があるのか」を考えて仕分けをします。以下の事例を参照しながら、図表3－5を使用して、期初・期中・評価時点の3区分で仕分けをしてみてください。

◆事例：

- 好き嫌いで評価しない → 【評価時点】
- 部門内の方針や目標についてあらかじめ説明しておく → 【期初】
- 評価基準に基づいて評価する → 【評価時点】
- メンバーとコミュニケーションをとってメンバーの状況を把握しておく
　→ 【期中】

● 図表３－５　評価の公正さや納得性を高めるために必要な管理職の対応〔そのⅡ〕●

期　初	期　中	評価時点

図表３－６がこの演習のアウトプットの事例です。

● 図表３－６　評価の公正さや納得性を高めるために必要な管理職の対応例 ●

期　初 Plan	期　中 Do	評価時点 Check／Action
①部門内の方針や目標についてあらかじめ説明しておく ②メンバーの役割や状況をふまえて期待する成果や行動を共有する ③メンバーの中長期の成長像を描き、年度の成長課題や行動改善課題を共有する ④評価基準を予め理解してメンバーにも周知する ⑤目標設定内容について、メンバーとの認識を一致させる（ベクトルを合わせる） ⑥客観的に評価可能な目標設定をさせる（定量化する）	①メンバーとコミュニケーションをとり状況を把握しておく ②必要の都度、指導、助言、サポートをする ③メンバーの日頃の行動や発言に注意し重点ポイントについては記録をとる ④メンバーの話を傾聴するなどモチベーションが高まるようにリードする（権限委譲や主体性を重視） ⑤上司として範を示す	①感情や好き嫌いで評価しない ②成果だけでなくプロセスも評価する ③先入観を持たずに事実に基づいた評価をする ④評価基準に基づいて評価をする ⑤絶対評価をする（人と比較をしない） ⑥客観的に評価ができる根拠の提出を求める ⑦評価者間でバラツキの相互調整をする ⑧評価根拠を明確に伝える ⑨育成等、今後につなげるフィードバックを行う

図表3-6の演習を通じて以下の2点が浮かび上がります。
　1点目は、評価の公正さや納得性を高める対応は、どうしても実際に評価シートに点数をつける時やフィードバックをする時だけでの対応を考えがちですが、期初や期中に対応すべきことが多々あります。評価時の対応だけでは不十分なことが理解できます。
　2点目に、期初・期中・評価時点の3区分にマネジメントサイクルのPDCAを当てはめると、期初＝Plan、期中＝Do、評価時点＝Check & Actionとなります。このことから浮かび上がるのは、「評価の公正さと納得性を高めるため」と考えていた対応は、まさにマネジメントそのものであるということです。図表3-6の対応例の期初（Plan）を確認すると、例えば、「部門内の方針・目標を事前に説明する」は、評価の公正さを高めるために組織として期待するところをあらかじめ本人に伝えることであり重要なことです。
　しかし、評価の公正さや納得性よりも、組織貢献に向けて何に注力をするのかを本人に認識させることがより優先されます。このように、評価の公正さと納得性を高めるための対応もさることながら、組織貢献に向けたマネジメントとして管理職に求められる対応そのものであることがわかります。
　評価制度活用の主たる目的を、単なる点数づけと認識すれば、成果開発に向けて必死になっている現場からすると、これらの対応は二の次になってしまいます。しかし、同じ対応でも成果開発に向けて組織貢献を促進するためのマネジメントだと認識すれば、取り組みにも力が入るのではないでしょうか。この点について経営層や管理職が共通認識を持つことが組織貢献に向けて評価制度が機能するかどうかの鍵を握ることになります。

第 2 節
人事評価の基本原則を ふまえた活用

1. 評価の基本原則とは

　スポーツであろうと仕事であろうと、ものごとに取り組む際には、基本に忠実に、根本的な法則である原則に基づいて対応することが重要です。人事制度の活用においても同様であり、ここでは「評価の基本原則」を考えます。

　筆者たちは、評価の基本原則を「期待基準をベースに事実の持つ意味を把握し、評価基準に基づいて判断すること」と定義しています。特に押さえていただきたいキーワードは、「期待」「事実」「判断」の３つです。

　人間の判断は、原則として自分が持つ期待と事実に基づいて行いますが、判断は、基本的に図表３−７の３パターンに分けられます。

●図表３−７　判断の３つのパターン●

パターン１	期待	＜	事実	：期待を上回る
パターン２	期待	≒	事実	：期待通り
パターン３	期待	＞	事実	：期待を下回る

　「期待する水準に対して事実がその水準を上回れば期待を上回る」、「期待する水準に対して事実がおおよそイコールであれば期待通り」、「期待する水準に対して事実が水準を下回れば期待を下回る」と判断します。人間は評価

する動物といわれることがありますが、私生活においても当てはまります。例えば、子供が学校のテストで50点をとってきた時に母親が、「もっとしっかり勉強しなさい！」と叱咤激励をしたとしましょう。この時、母親の意識の中では、自分が持っている期待（例えば80点はとって欲しい）よりも50点という事実が下回るからこのような判断をしているのです。自分が応援しているプロ野球チームが勝てば「よくやった」と喜び、負ければ「何をやっているのだ」悔しがるのも、期待と事実の関係で判断をしているのです。

　私生活では、どのような期待を持ち、どのように判断をしようと基本的に自由です。また、無意識の判断でも済まされるかもしれません。しかし、組織においてメンバーの給与や賞与といった処遇を決定する判断は、それでは困ります。制度として組織的に統一された「期待水準としての基準」、「事実押さえの仕組み」、「判断する基準」に基づいた活用がなされなければなりません。

（1）期待基準

　組織において評価を的確に実施するためには、期待水準としての基準、つまり「期待基準」が必要になります。期待基準は各社各様ですが、多くの企業では「等級基準」「目標」「行動評価等の評価項目と着眼点をふまえた成長目標」がこれに該当します。

1）等級基準

　等級制度は、等級に応じた成果や行動を追求し処遇につなげる人事制度の活用の基軸となる仕組みです。また、等級基準は、等級毎に基準としての期待要件を定義して運用のガイドラインとして活用します。そこで、評価者は、メンバーの格付けられた等級はどのような内容やレベルでの成果や行動が期待されるのかについて、自社の基準を読み込み、認識しておくことが公正な評価の大前提となります。

2）目標

　目標設定については、すでに第2章で解説しましたが、期待基準としての側面を再確認します。目標（達成基準）は、仕事の成果としての期待を重点化・明確化したものです。目標というと定量化が頭をよぎりますが、時々、定量化が優先されて、等級をふまえた仕事の成果ではないテーマが目標になっているケースが見られます。例えば、一般社員が「残業時間を○○時間減少する」といった目標です。本人としては、定量化しているため評価が客観的になり、残業時間が減少すれば人件費削減に貢献できると考えているのでしょう。しかし、一般社員の裁量で残業時間をコントロールすることは困難です。また、「あなたの役割は残業時間を減らすことですか？」「あなたの仕事の成果は残業時間を減らすことですか？」「あなたは残業時間を減らすことによって給与所得を得ているのですか？」といった質問にイエスと答えられなければ、それは処遇決定に反映する目標としては不適切な内容となります。逆にいえば、「これが私のメンバーに期待する仕事の成果です」、また、メンバー自身は「これが私に期待される仕事の成果です」と本人の役割、職責、等級をふまえた成果といえる内容が目標になっていることが必要です。そうでない目標を評価して処遇に反映することは制度運営が破たんします。

　この点は、目標を設定して評価、処遇に反映する仕組みを導入している組織に共通する活用課題です。この課題をクリアできないところでは、目標設定をしていても、その達成度を直接評価して処遇決定とリンクすることに無理が生じるため、「目標を勘案して成績評価を行う」といった対応に留めているケースも見られます。

3）評価項目と着眼点をふまえた成長目標

　図表3－8は、ある企業の行動評価の評価項目と着眼点の例です。

● 図表３－８　行動評価の評価項目と着眼点（4等級）●

評価項目		着眼点
的確な対応	計画・企画	業務遂行に関する計画や企画は的確に行い、ミスやトラブルが生じることはなかった。
	判断・問題解決	状況を認識し的確な判断を行い、問題や阻害要因の解決策を考えて対応し期限内に業務を完遂しようとしていた。あるいは、必要な改善策を上位者に意見具申していた。
	報告・連絡・相談	独断専行することなく、指示されたこと、権限委譲されたこと、トラブル等について必要な報告・連絡・相談は都度行っていた。
挑戦的行動	知識・技術の向上	業務遂行レベルを向上するために必要な新たな知識・技術の習得に取り組み、業務に活かしていた。
	改善・工夫	業務を型通りに遂行するだけでなく、都度の改善・工夫をしようという取り組みがあり、ある程度の改善工夫が見られた。
対人影響	連携・支援・指導	組織やチーム全体のことを考え、必要な連携・支援およびメンバーの指導を実践していた。あるいは、自分の役割以外のことでもできることを主体的に考え行動していた。
	折衝・意思疎通	相手を納得させるために事前準備や説明に工夫をして相手の納得を得ていた。また、自分の意見のみを発言するのではなく、相手の意見も傾聴し、より良い結論を導こうとしていた。

評価の際にこれらの着眼点をふまえて評価をすることはいうまでもありませんが、これを期待項目と着眼点として認識することが重要です。例えば、「計画・企画」の着眼点は、「業務遂行に関する計画や企画は的確に行い、ミスやトラブルが生じることはなかった」となっていますが、「4等級社員の皆さん、会社は業務遂行に関する計画や企画に関して的確に行い、ミスやトラブルを生じさせないように対応することを期待しています」と読み替えれば期待項目と着眼点になるわけです。さらに重要なことは、この期待項目と着眼点をふまえてメンバーの強みと弱みを顕在化し、今後に向けての成長目標を期待基準として明確にすることです。成果に関する目標が「仕事」の側面の期待基準とすれば、成長目標は、「人」の側面の期待基準といえます。さらに、大事なことは期待基準である以上は、あらかじめメンバーとの共有を図り、メンバーにも意識をさせることが必要です。期待基準をクローズにしておいては評価の納得性を高めることは困難です。

　ここまで、期待基準としての等級、目標、評価項目と着眼点をふまえた成長目標について解説をしましたが、自社の期待基準を読んでもメンバーに対する期待内容が想定できない場合や評価項目と着眼点を読んでも現実的でない場合、あるいは成長目標が顕在化しづらい場合は、自社の期待基準が実態に合っていないということが考えられます。これらの場合は、経営層や人事部門がリードをして期待基準自体を見直すことが必要になります。人事制度に関する期待基準は、経営環境や状況の変化、経営戦略の変化等に伴い修正をしていかなければなりません。

（2）事実押さえ

　事実をふまえて評価をするのは当然なことと思われるかもしれません。しかし、評価は1年に1回あるいは半年に1回が一般的であり、自分の行動の事実ですら半年や1年前のことは忘れていることが多々あります。ましてや複数のメンバーについて、複数の評価項目に関する成果や行動の事実を把握

することは容易なことではありません。また、事実は結果だけでなく取り組み過程を含めた実態を押さえることが必要です。例えば、甲さんと乙さんの2人のメンバーがいたとしましょう。2人とも1億円の受注目標を設定し、2人とも1億円を達成したとします。成果としての事実は、1億円で同じです。ところが、取り組み過程の活動実態を把握したところ、甲さんは棚ぼたで受注した1億円でした。これに対して、乙さんは苦労して新規市場を開拓して受注した1億円でした。実態をふまえると同じ1億円でも「何もしなかった1億円」と、「苦労して新規市場を開拓した1億円」では組織貢献度は異なります。これらの事実の持つ意味を把握して評価をすることが人事評価の本質です。

(3) 判断基準

「評価」を違う言葉に言い換えると「判断」と表現できます。判断とは、あることがらについて考えをまとめて定めることですが、評価はまさに評価者の判断により決定されます。歩合制を採用して数値データとしての売上実績に連動して年俸額を決定するような仕組みであれば判断は不要ですが、評価制度の多くは、「チャレンジ」や「チームワーク」といった定性的な側面も含めて評価をする仕組みであり、判断が必要になります。そういう意味では、評価力を高めることは、判断力を高めることに他なりません。

それでは、判断力を向上させるためには何が大切でしょうか。それは、ここまで解説した「期待基準」を意識して、「事実」を的確に押さえた上で、判断の拠り所となる「評価基準」に基づいて判断することです。評価基準は各社各様ですが、一般には図表3－9の行動評価基準のように、評価ランクと着眼点（点数に対応する行動のレベル）が規定されています。

評価者は、この基準に基づいて判断をすることが求められます。また、評価者研修では、3点はどのような状態か、4点はどのような状態か評価ランクの違いを共有し、実務で的確な判断が行えるように目線合わせを行います。

●図表３−９　行動評価の評価基準●

評価ランク		着　眼　点　※点数に対応する行動レベル
評語	点数	
S	5点	常にこの行動をとり周りに好影響を与えるなど、期待を大きく上回る行動の事実であった。
A	4点	この行動は質的側面も含めて期待を上回る行動の事実であった。
B	3点	この行動はとれており、期待通りの行動の事実であった。
C	2点	この行動がやや少なく、期待を下回る行動の事実であった。
D	1点	この行動があまり見られなく、期待を大きく下回る行動の事実であった。

　しかし、評価基準をどんなに精緻に設計しても、評価者研修を何回実施しても、最終的には人の判断である以上、評価のバラツキをゼロにすることは困難なことです。実務上は、このバラツキを許容範囲の中に圧縮することが課題となります。そのためには、「期待基準に基づいて事実の持つ意味を把握し、評価基準に基づいて判断する」という評価の基本原則に徹しなければなりません（図表３−10参照）。

● 図表 3 − 10　評価の基本原則 ●

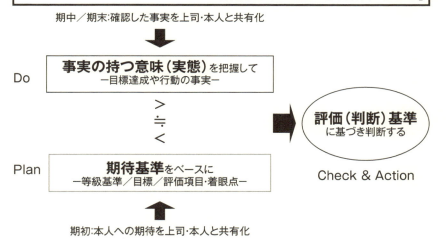

2. 評価の基本原則をふまえてマネジメントを実践する

　人事評価の基本原則の「期待」をいつ明確にし、「事実」をいつ把握し、「判断」をいつ行うのかを整理します。

　「期待」は期初にメンバーと共有する必要があります。評価のフィードバックの時になって、「実はこのような内容を期待したが、対応が不十分であったからC評価になりました」とフィードバックをしたならば、メンバーにしてみれば「なんで最初にいってくれなかったのですか」といった不満につながります。評価する側とされる側で何を期待し、期待されているかがあらかじめ共有できていて評価の納得性が醸成されます。

　次に、「事実」は、いつ把握するのでしょうか。期末の評価面談の時ではありません。期末の評価面談は事実を最終確認する場面になりますが、事実の把握は、あくまで期中において都度、行うことが必要です。評価の時期が

来て初めて評価の事実根拠を探し出すような対応は、避けなければなりません。評価する側と評価される側で何ができて、何ができなかったのか事実・実態が共有できていて評価の納得性は担保されます。そのために、評価の対象となる特筆すべき成果や行動があれば期中において行動記録をつけることが効果的です。

最後に、「判断」としての評価やフィードバックは、会社のルールとして評価対象期間が設定されていますので、評価対象期間が経過した直後に実施することになります。ここでは、評価する側とされる側で、どのような事実であれはA評価、B評価、C評価であるのかという評価基準が共有されることにより納得性が高まります。

評価には、「査定」と「検証」の2側面があることを解説しました。納得性を高めるための査定としての評価は、評価対象期間の直後に実施することになります。成果開発に向けた検証としての評価は、マネジメントの一環として、評価対象期間の直後だけでなく、期中において都度の検証を行い、メンバーを指導し支援することになります。

期待は期初のPlanで共有化し、事実は期中のDoで把握をし、判断は評価時点のCheckで行い、フィードバックを通じてActionにつなげます。つまり、人事評価の基本原則に基づく活用は、マネジメントを実践するとともにメンバーの評価に対する納得性を高めるための取り組みに他ならないのです。

第3節
マネジメントとしての進捗管理の実践

1. 進捗管理のポイント

　期待基準としての目標設定（Plan）は、第2章で詳しく解説をしました。ここでは、期中における事実押さえ（Do）、いわゆる進捗管理のポイントを解説します。

　さて、期中においてメンバーから上司に対して、目標の進捗報告があったとします。この際、上司は具体的にどのような対応をすることが大切でしょうか。以下の質問について考えてみてください（図表3−11参照）。

★質問：期中における上司の対応
「メンバーから目標について進捗状況の報告がありました。上司としてはどのような対応をどのような順番で実施するでしょうか」

（図表3−11　期中における上司の対応）

●図表3-11　期中における上司の対応●

メンバーから目標について進捗状況の報告がありました。上司としてはどのような対応をどのような順番で実施するでしょうか。
基本的な対応事項を順番をふまえて箇条書きで整理してください。

```
................................................................
................................................................
................................................................
................................................................
................................................................
```

　進捗管理は、適宜、会議や面談を通じて行います。期中の会議や面談による「報告・連絡・相談」を通じてメンバー本人（目標設定者）が上司に経過報告を行い、上司は進捗状況を把握することが基本です。そこで、メンバーから目標の進捗報告があった場合、上司の対応ポイントは次のとおりです。

（1）事実を押さえる

　期待基準としての目標は成果としての達成基準とその達成に向けた達成方法を設定しており、進捗状況としては4つの事実が生じます（図表3-12参照）。
　上司は、メンバーからの報告をふまえて、4つの事実について、実態をより具体的に把握します。まずは、目標が予定どおり達成できているかを把握します。売上目標であればコンピュータ等でデータ管理をしているため把握することは比較的容易ですが、定性目標の場合は、当初想定した成果が生まれているかどうかについて、話し合いの中で状況を把握しなければなりません。例えばマニュアルを作成するという目標であれば、マニュアルの原案

● 図表3－12　進捗報告シート（セルフ・アカウンタビリティシート）●

事　　実		達成方法	
		取り組んだ	取り組まなかった
達成基準	予定通り進捗している	(1) 取り組んで予定通り進捗している	(3) 取り組んでいないが予定通り進捗している ※例：棚ぼた
	予定通り進捗していない	(2) 取り組んでいるが予定通り進捗していない	(4) 取り組んでいないし予定通り進捗してもいない

をメンバーに提出をさせ、上司から見て期待どおりの内容になっているのか、質的側面（品質要件）を含めてチェックしなければなりません。さらに、目標設定段階で「新商品開発のコンセプトを固める」「人材育成の仕組みを完成する」等、目標が抽象的な記述であった場合は、特に進捗管理に注力をして実態を把握することが必要です。

　また、進捗管理は、とかく成果だけを追いかけがちになりますが、それだけでは不十分です。達成方法への取り組みをベースに行動も含めて事実を把握することが必要です。なぜなら、行動には、本人の能力や意欲が顕在化されるからです。進捗管理を通じて行動評価のための具体的な根拠を把握することも意識する必要があります（行動評価については第4節で詳しく解説します）。

（2）目標外の特筆すべき状況も併せて把握する

　「期中、新しいプロジェクトが急遽立ち上がり、私がリーダーとして取り組み、無事、プロジェクトを短期間で完了させたのですが、このテーマは特に目標として追加しませんでした。成果を評価する際に、このような目標外の成果は評価されないのでしょうか」との質問を受けたことがあります。多くの企業では、目標外の職務活動であっても、それが評価に値する内容であ

れば、評価対象にしています。このように、進捗管理においては、目標の取り組みや達成状況だけを把握するのではなく、目標外の特筆できる職務活動も含めて状況を把握しなければなりません。

そこで、目標の進捗報告がメンバーからあった際には、目標外の組織貢献内容についても特筆できる事項があれば報告させるようにリードします。それが評価に値するか否かの判断は上司が行いますが、まずは本人に報告をさせます。また、期中の目標の追加、修正が必要であれば弾力的な対応も併せて求められます。

(3) 今後に向けた課題形成や対策立案と指導・育成につなげる

筆者がある企業の営業部門の進捗会議にオブザーバーとして参画した時の話ですが、発表者である課長が、上半期の数値目標の達成状況を商品別に報告して終わってしまった場面に直面したことがあります。この際、営業担当役員から「今日の進捗会議の目的は昨日までの数字を報告することでなく、これまでを分析して明日以降を考えることである」との指摘がありました。進捗管理は、結果数値だけを共有するのではなく、なぜ予定どおり進捗しているのか、いないのかについて原因を分析し、今後に向けて新たな課題を形成し対策を立案し共有することが目的であるといいたかったのです。まさに進捗会議は、「状況報告の場」、「言い訳の場」ではなく、「原因追及と課題形成、対策立案の場」、そのための「知恵を出し合う場」といえます。

また、今後に向けた課題や対策の検討に加え、メンバーの指導・育成につなげるためにも、行動の側面を含めた事実を把握することが大切です。例えば、「達成方法に取り組んで予定どおり進捗していない場合」と「達成方法に取り組みもせず予定どおり進捗もしていない場合」とでは、上司の指導内容は違うはずです。前者の場合は、取り組み内容が不十分なのか、本人の能力が不十分なのかといった視点から状況を把握し、対応します。後者の場合は、取り組まない原因として、モチベーションが低いのか、それとも日常業務に

追われていて目標に取り組む余裕がないのかといった視点から状況を把握し、対応します。このように、メンバーの指導・育成の視点からも行動の側面を含めた取り組み状況の把握と原因分析は重要です。

さらに、人事評価の納得性を高めるためにも、特に成果や取り組み状況が不十分なメンバーや評価が前期よりも下がりそうなメンバーに対しては、期中においてプレ・フィードバックを実施しておくことが大切です。期中に何らの指導・助言も実施せずに、最後のフィードバックの場面で初めて不十分であったと告げられても、本人からすれば納得できるものではありません。

以上、目標の進捗管理に関する上司の対応ポイントをまとめると図表3－13のようになります。

●図表3－13　進捗管理のポイント●

---
1. 目標達成の進捗の事実を押さえる
   ①目標が予定通り達成できているかを把握する（定性目標の場合はアウトプット等を確認して質的側面も含めて把握する）
   ②達成方法の取り組みをベースに目標達成過程の行動の事実も把握する
2. 目標外の特筆すべき状況も併せて把握する
3. 今後に向けた課題を形成し、対策を立て、メンバーの指導・育成につなげる
   ①事実をふまえて予定通り進捗している、していない原因を分析して新たな課題や対策を立案する
   ②同時に、メンバーに課題、対策をブレークダウンし、指導・育成につなげる
---

2. 自己説明責任（セルフ・アカウンタビリティ）によりメンバーの自立を促進

人事評価は上司がメンバーの職務活動の事実を把握して評価をします。この関係においては、メンバーは「一生懸命に仕事をしていればきっと上司は見ていてくれて、的確な評価をしてくれるはず」との期待のもとに職務を遂

行する受け身の姿勢に陥りがちです。目標による管理と人事評価をリンクする以前の「仕事の質」や「仕事の量」を評価項目として、上司の一方的な認識で評価する仕組みのもとでは特にその傾向が強く見られました。

これに対して目標を設定して評価する現在の仕組みでは、あらかじめ上司とメンバーの間で、何を仕事の成果とするかについて、目標を設定し、共有化しています。目標を仮に契約にたとえれば、期初に目標達成の受発注契約を結んだことになるわけです。受発注契約では、仕事を受注したメンバー本人が、仕事を発注した上司に対して、責任を持って納品することが原則になります。言い換えれば、期中において、メンバー本人から上司に対して主体的に目標に関する成果創出状況（進捗状況）について報告・連絡・相談をすることが求められます。筆者たちは、この考え方を「自己説明責任（セルフ・アカウンタビリティ）」と表現して強調しています。

また目標は、計画どおり対応しても達成できるとは限りません。状況変化に対応しながら軌道修正をする必要があります。また、取り組んでみたら当初想定していなかった成果や派生的な効果による「組織貢献した事実」が生じることもあります。これらの「組織貢献した事実」について、上司は常にメンバーを見ているわけではなく、物理的に把握できないケースも多々生じるのが現実です。しかし、本人からすると、「当初予定した目標がどこまで達成できたか結果しか評価してもらえない」、「状況変化の中でリーダーシップを発揮してメンバーに的確な指示を与えたことによって障害やトラブルを解決したのに、このような組織貢献は無視されるのか」との不満につながることもあります。

このような不満に対しては、評価は与えられるものではなく、自己説明責任を果たすことによって、自分で証明するものであることを認識させなければなりません。この考え方をベースに活用することによって、人事評価は受け身の仕組みからメンバーの主体性や自立性を高める活用へと転換するとともに、上司が知らない「組織貢献の事実」を上司に伝え認識させることがで

きます。本人の主体性の追求によって、成果を創出するとともに、「組織貢献した事実」の共有化が促進されるのです。もちろん、メンバーが報告してきたことをすべて鵜のみにするわけではなく、評価に値する事実か否かは上司が判断します。

　この点については、被評価者であるメンバーに対しても説明しておく必要があります。評価制度の考え方を理解せず、自分が任された目標や仕事について報告・連絡・相談もしないで、上司の評価に対して被害者的な不満をいうような状態はなくさなければなりません。

　それでは、メンバー本人が、上司に対して自分の目標の達成状況を報告する「進捗報告シート（通称、セルフ・アカウンタビリティ　シート）」を活用して自己説明責任（セルフ・アカウンタビリティ）を実践するポイントを紹介します（図表3－14参照）。

　進捗報告シートは、原則として四半期毎に上司に提出します。まず、本人が、目標毎に達成基準に関する成果と達成方法をふまえた取り組み状況について、順調に進んでいる内容は黒字で、当初の計画よりも遅れているものや、阻害要因が発生したといったネガティブ情報は赤字で入力します。また、目標以外でも組織に貢献した成果や行動があれば記入し、上司にメールで提出します。これに対して、上司は、メールで送られた進捗報告シートの内容を確認し、メンバーに対して総括コメントを付して返信します。中でも、ネガティブ情報が多いメンバーに対しては、個別面談などでフォローをします。メンバー全員と面談をすることは時間的に困難な場合もあり、目標達成が思うように進んでいないメンバーに対して重点的にフォローを実施します。

　さらに、会議形式で進捗状況が共有できる場合は、他のメンバーがどのような目標を設定しているのかも共有できるため、自分のことだけでなく、組織の目標達成に向けた支援や協働が促進されます。このような活用を徹底することによって、評価制度は単に査定の側面の活用だけでなく、組織貢献に向けたマネジメントの仕組みとして機能させることが可能になります。

● 図表3-14　進捗報告シート（セルフ・アカウンタビリティ シート）●

氏名：＿＿＿＿＿＿＿＿＿＿＿＿
提出日：　　年　　月　　日

No.	目標項目	達成基準	達成方法	目標の進捗確認 第1四半期（　月　日 記述）
1				
2				
3				
4				
目標外の貢献				

第3章 人事評価制度の活用

【上段：達成基準、下段：達成方法】※達成阻害要因等の情報は赤字で表示		
第2四半期 （　月　日 記述）	第3四半期 （　月　日 記述）	第4四半期 （　月　日 記述）

3. 期中のマネジメントとして管理職が意識すべき3つの視点

　自己説明責任（セルフ・アカウンタビリティ）の考えをふまえて運用することに加えて、管理職のマネジメントとして、以下の3点を意識することが重要です。

（1）組織貢献に向けて最終成果だけでなくプロセス成果も追求する

　成果は、目標達成の最終成果だけでなく、「プロセス成果」も追求します。プロセス成果とは、目標達成に至る過程（プロセス）において課題を解決する等によって生み出した、今後の組織成長に貢献するこれまでになかった成果です。第2章で、達成方法を検討する際には、課題を設定することが重要であると強調しました。この期初に設定した課題を解決することを通じてプロセス成果を追求することを意識します。例えば、図表3－15は、ある営業社員の売上目標とその達成過程で解決する課題を設定した事例です。

●図表3－15　営業社員の目標設定事例●

達成基準	達成方法→目標達成過程で解決する課題
売上目標1億円を達成する	①新技術を導入した新規サンプルを開発する ②①をふまえてこれまでとの違いをアピールする企画書を作成する ③大口の新規顧客を開拓する

　これらの課題が達成されると、
　　①新技術を導入した新しいサンプルが開発できた。
　　②①をふまえてこれまでとの違いをアピールする企画書が作成できた。
　　③大口の新規顧客が開拓できた。
となり、①は「新しいサンプル」、②は「これまでにない企画書」、③は「新規の顧客」というプロセス成果を残したことになります。これらのプロセス

成果を組織のメンバーに水平展開をすれば、今後の組織としての提案力の強化やリピート受注の獲得に貢献します。売上目標は年度単位でリセットされてしまいますが、これらのプロセス成果は残ります。これら残したプロセス成果を「資産」と呼べば、まさに組織貢献に向けて資産活用を意識することがここでの強調ポイントです。

　筆者たちは、数値目標等の結果だけを追求する考え方を「単純実績主義」と呼んでいます。一方、目標達成過程で解決する課題への取り組みを通じて、今後の組織貢献に寄与する新たに生み出した成果（資産）の価値を評価することを「資産価値評価（Asset Value Evaluation）」と呼び、組織貢献に向けた資産活用の重要性を強調しています。

（2）人材育成に向けて新たな経験の場や環境を整える

　メンバーに対して、過去に蓄積した能力で処理できる仕事を任せていれば着実な遂行が期待できますが、それでは本人の成長は止まってしまいます。特に、同じことの繰り返しばかりでは、マンネリ状態に陥ったり、その仕事については誰にも負けないプロであるとの錯覚に陥ったりすることが懸念されます（図表3－16参照）。

●図表3－16　マンネリ状態に陥っている●

- 仕事の大半は過去の蓄積の繰り返し
- 仕事に慣れが生じ安定する
- 仕事の先が読めるようになる
- 仕事が効率的・楽に進められる
- 経験とともに錯覚に陥る。自分はこの仕事のプロである
- 実態は自らの成長を止めたマンネリ状態に陥っている

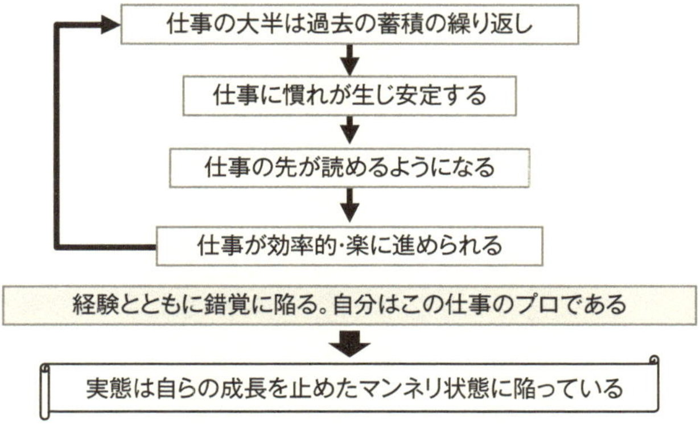

人は自分の能力を超える新たな経験を通じて成長が促進されます。図表3－17は、ある企業の方に「職業人生の中で最も成長するきっかけとなった経験」について、インタビューをした時の内容です。

●**図表3－17　最も成長するきっかけとなった経験**●

> ➤Aさん〜海外のグループ企業に出向となり、現地社員とのコミュニケーションに苦労しながら、初めて経営全般についてのマネジメントを実践した。
> ➤Bさん〜最新鋭の工場建設の際に、初めてあるプロジェクトのリーダーを任された。この時、リーダーとしてどのように対応すべきか、関係者とどのように協力して対処するかを試行錯誤を繰り返し、時に失敗をしながらも完遂できた。
> ➤Cさん〜入社して10年ほどは営業を担当していたが、ある日の異動で未経験の経営企画部に異動になった。戦略、マーケティング、管理会計等の知識は、ほとんどなく、日々の業務すべてが実地での勉強であった。また、知識については、休日も含めて必死に勉強して対応した。

　Aさん、Bさん、Cさんの3氏とも、自分の能力を超える新たな経験を通じて成長できたと実感しています。
　また、営業社員の目標設定事例（図表3－15参照）でも、新技術を導入したサンプルを試行錯誤しながら作成し、これまでと視点を変えて顧客にとってのメリットを整理して、新たな企画書を作成・提案し、その結果、新規の大口顧客が納得して発注を決定したとします。この場合、営業担当者は、この経験を通じて、新しい視点で考える力を身につけ、新しいものをつくり、顧客の要求に対応するにはどのようなアプローチがポイントになるかを学習するのです。
　このように人材育成は、新たな課題への取り組みを通じた試行錯誤を通じて促進されるのです。そういう意味では、人材育成は「人材鍛錬」と言い換えることができます。管理職は人材鍛錬の視点からメンバーの成長に向けて、新たな経験を積める場や環境を整えることが求められます。

（3）意欲の向上のために仕事のやりがいを追求

　人の価値観は多様化しており、仕事のやりがいを感じる場面も画一的なことはいえません。しかし、職務遂行を通じて自らが生み出した成果（最終成果・プロセス成果）が顧客や組織に貢献し、またその貢献が認められる、言い換えれば評価されることが仕事のやりがいにつながることは間違いないでしょう。

　職業人生の中で最も成長するきっかけとなった経験（図表3－17参照）でインタビューした対象者に、その取り組みを通じて仕事のやりがいを感じたかを質問したところ、大変な仕事ではあったが、一段落した時にはやりがいを感じることができたと口をそろえて答えたことが印象に残っています。

　さらに、上記のような資産といえるような価値ある成果や行動とまではいえないものの、期中において小さな成果を見出す場合もあります。最終の人事評価そのものに影響しない成果や行動であっても、無視するのではなく、「取り組みは良かったと思うよ」など"ほめる"こと、また逆の状態があれば"叱る"ことを上司の言葉としてフィードバックします。上司は、ほめる・叱るなどのフィードバックも使って、メンバーに意味ある振り返りをさせるとともに、コミュニケーションを通じて得た情報を次の成果の向上やメンバーの指導・育成に結びつける姿勢を持ち合わせておくことも大切です。

　しかし、"過ぎたるは尚及ばざるがごとし"という言葉があるように、いくらやりがいがあるからといって、過剰な労働や精神的ストレスを長期的に負荷するような状況は避けなければなりません。本人の状況変化をいち早く察知する立場にいるのが直属の上司であり、労務管理の面からも期中においてメンバーの状況をしっかりと把握することが求められます。

　ここまで管理職のマネジメントとして3つの視点を意識する重要性を解説しましたが、以上を整理すると、目標達成に向けて取り組み過程で解決する課題を追求することによって、「プロセス成果の創出」、「人材の育成」、「やりがいの醸成」を一体化して促進することが可能になるのです（図表3－18参照）。

●図表3-18 3つの視点から目標達成過程上の課題を追求●

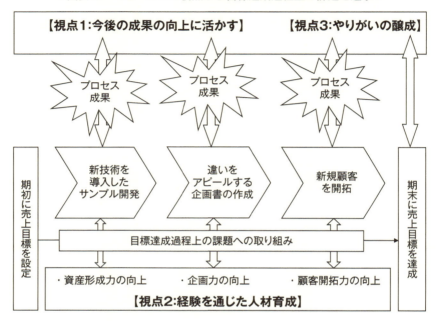

　以上、マネジメントとしての進捗管理の実践について解説をしましたが、最後に自職場における進捗管理のチェックシート（図表3-19参照）を挿入しました。皆さんの職場における活用状況の点検にご活用ください。

第3章 人事評価制度の活用

● 図表3－19 自職場における進捗管理のチェックシート ●

4：一応問題ない　　　3：多少不十分な点がある　　　2：不十分な点が多い
1：明らかに不十分

①業績向上に向けたマネジメントの一環として、面談や会議を通じて必要の都度または定期的に目標の進捗管理を実施し状況把握をしている。特に結果だけでなくプロセスの取り組みも含めて状況を把握している	4	3	2	1
②進捗会議や面談は、結果だけを報告して終わりではなく、今後の課題や対策を立案し、あるいはメンバーの指導・育成の場として機能している	4	3	2	1
③目標の取り組みおよび達成状況についてメンバーから主体的に報告・連絡・相談をさせるようリードしている ※自己説明責任（セルフ・アカウンタビリティ）を意識して実践している	4	3	2	1
④自分も上司に対して期中、目標の取り組みや達成状況について自己説明責任（セルフ・アカウンタビリティ）を意識して実践している	4	3	2	1
⑤取り組みや目標の達成状況が不十分なメンバーに対して的確にフォローをしている	4	3	2	1
⑥メンバーの育成や動機づけを意識して、期中、メンバーのフォローをしている ※例：良ければほめ、不十分であれば叱っている	4	3	2	1
⑦目標は結果だけが成果ではなく、取り組みプロセスにも成果があることを意識している	4	3	2	1
⑧職務活動の結果、生み出された成果を組織の資産として蓄積したり、社内あるいは組織内のメンバーと相互共有したりすることで次の成果の創出に活かしている	4	3	2	1
⑨メンバーの目標達成状況だけでなく、目標外で組織貢献した事実も把握している	4	3	2	1
⑩メンバーの指導や評価に必要な情報を都度、記録している	4	3	2	1
平均点　＝　合計点　[　　　　]　／10	平均点：			

第4節
評価制度の活用の勘どころ

1．絶対評価と相対評価の意味を理解する

　「どうせ二次評価者以上で相対評価をするのだから、いくら一次評価段階で絶対評価をしても意味がない」との意見を聞くことがあります。絶対評価と相対評価とはどう違うのでしょうか。

　絶対評価の意味から確認しましょう。絶対評価とは、メンバーの職務活動を一定の基準に当てはめて評価する方法です。メンバーの職務の成果や行動の事実などを組織が設定した基準、例えば等級基準、目標、評価項目と着眼点などに当てはめて評価する方法です。第2節で、人事評価の基本原則は、「期待基準をベースに事実の持つ意味を把握し、評価基準に基づいて判断すること」と定義しました。この基準に照らして評価する考え方が絶対評価です。「絶対」とは、完全なこと、どのような場合でもそれが成立するといった意味がありますが、人の判断に絶対はありませんので、「基準評価」と理解すれば良いでしょう（図表3－20参照）。

　絶対評価の目的は、検証にあります。第1節で、検証とは、メンバーが生み出した成果や行動の事実が、期待する基準に対して、なぜ、以上・相当・以下であったのか実態を分析して、その要因を明らかにするとともに、今後の仕事の改善や本人の指導、育成、動機づけに活かすことと解説しました。最終的に相対評価をするにしても、一次評価者の役割として、絶対評価を行う意義はここにあります。二次評価者以上で相対評価を実施するから一次評価は意味がないとの認識は誤りといえます。

　一方、相対評価は、評価対象者を相対比較して序列化していく評価方法で

第3章 人事評価制度の活用

●図表3－20　絶対評価（基準評価）の考え方●

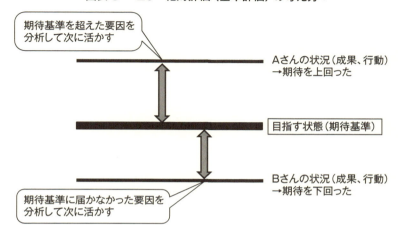

す。序列化をするため、絶対評価のように期待される基準を上回ったのか、そうでないのかはっきりしません。そのため、成果の向上や人材育成に結びける情報が把握しづらい側面があります。それではなぜ相対評価を実施するのでしょうか。それは、多くの企業では、昇給や賞与など配分する原資に制約があるからです。相対序列化をすることによって、より組織貢献したメンバーに傾斜配分をすることによって、経営の視点から人件費を計画的にコントロールしているのです。実務の場面では、二次評価者以上や部門単位等、ある程度の人数規模で相対分布を適用するケースが一般的です。

　いずれにしても、いきなり相対評価をすることはできません。最初に各人の成果や行動の事実や実態をふまえて絶対評価した上で、次のステップとしてその事実や実態を比較することで相対評価が可能になります。このように、一般的には、基準に基づいて絶対評価を行い、その結果を原資配分のために最終的に相対評価をしているのです。

　本書は、管理職の実務の活用の改善に資すること目的にしていますので、基本的に絶対評価（基準評価）を前提にして、成果評価や行動評価および

フィードバックの活用ポイントを解説します。

2. 成果評価のポイント

　成果評価とは、文字通り仕事の成果を評価することです。仕事の質や仕事の量といった評価項目と着眼点をふまえて評価している企業もありますが、多くの企業では、目標をふまえて成果評価を実施しています。業績評価と呼ぶ企業もあります。ここでは、目標をふまえて成果を評価するポイントを解説します。

（1）目標の難易度を事前に評価することは困難

　予算に代表されるような組織的に設定された数値目標は、原則として設定した水準に対する達成度で評価することが基本です。しかし、上司とメンバーの話し合いで設定する多くの目標は、難易度の差などのバラツキが生じることが多々あります。問題意識の高い人は、高いレベルの目標を設定し、問題意識の低い人は、本人の役割や等級基準からすると低いレベルの目標を設定することもあります。このような目標設定のバラツキは、実務において目標設定面談を通じて調整をするわけですが、完全にレベルをそろえることは困難です。

　このような状態の中で、単純に達成度で評価をすれば、高い目標を設定した人は不利になり、低い目標を設定した人は得をします。個人差はあるにしても、人には「辛いことよりは楽なほうが良い」、「リスクが高いこと、困難なこと、あるいは責任が重たいことはできれば避けたい」といった心理的側面があります。成果評価の仕組みを導入したことによって、全体的に無難な達成しやすい目標設定に陥ってしまい、本来の目的とは逆行し活用に失敗しているケースすら見られます。

　さらに、研究開発職のように未知のテーマを追いかけて試行錯誤や失敗を

積み重ねながら新しい成果を生み出す職務もあります。このような職務の目標設定は定量的どころか抽象的な研究開発テーマのみを設定せざるを得ないこともあり、単純に達成度で評価することが物理的に困難なケースもあります。

そこで、このような状況を解消するために、多くの企業では、目標設定時に難易度を評価する仕組みを取り入れています。難易度を加味して評価することによって評価の公正さや納得性を担保する考え方です。例えば、難易度が高い目標に取り組んだ場合、未達成でもマイナス評価にならない加点主義の合理的な仕組みです（図表3-21参照）。筆者自身も過去において同様の仕組みを提案したこともあります。

●図表3-21　難易度を加味した達成度評価（例）●

		達成度		
		上回る：a	相当：b	下回る：c
難易度	高い：H	S	A	B
	相当：M	A	B	C
	低い：L	B	C	D

しかし、現在、多くの企業を見てみると難易度評価が必ずしも的確に実施されていません。変化が少なく、先が読める状況であれば、難易度を目標設定時に見極めることは可能です。しかし、変化が激しい不透明な状況の中で、難易度を事前に判定することは困難なことです。実際の運用を確認しても、かなり感覚的に判定しているケースが散見されます。また、客観的に見ると難易度が高くない目標について、難易度が高いと意図的に評価しているケースもあります。理由は、目標が未達成であった場合のマイナス評価を回避す

るための調整弁として難易度評価を逆手にとった運用をしているのです。これでは評価は骨抜きとなります。

現在は、環境変化が激しく、不透明で何が起きてもおかしくない時代といわれます。このような中で、期初にすべてを見通して難易度を判断することは困難なことです。意外なところから意外な発見があることを「瓢箪（ひょうたん）から駒」といいます。また、一見、簡単そうに見えても初めて行うのは難しいことのたとえとして「コロンブスの卵」という言葉がありますが、実際にやってみなければわからないのが現実です。以上からすると難易度を事前に評価することは、あくまで取り組む前の推測となり、推測で評価をする以上、過大評価や過小評価が伴うことは避けられません。

（2）組織貢献度の視点から成長を追求する

そこで、事前に推測した難易度と達成度で成果評価をするのでなく、実際に取り組んだ事実として「組織貢献度」が高い明確な根拠が証明できた場合に、加点をする考え方を筆者たちは提案しています。事前の推測は複数の仮説が立てられますが、事後の事実はひとつです。すでに解説した自己説明責任（セルフ・アカウンタビリティ）を通じて本人が上司に経過報告を行い、上司は把握した事実の持つ意味をふまえて組織貢献度を評価します。

ここでは多少言葉にこだわりますが、難易度は、難しいか易しいかの度合いです。難易度が高い研究テーマに取り組んでも、それが組織の方針とまったく違っていれば意味がありません。そこで、「難易度」から「組織貢献度」に評価の視点をシフトします。組織貢献とは、「自分の職責、役割、等級をふまえて、組織の成長に向けて力をつくして寄与したり、役立つことを実践したりすること」です。

事例で考えることとします。図表3－22は、ある開発職のリーダーが自分の目標達成状況について自己報告した内容です。

図表3－22　開発職リーダーの目標達成報告（事例）

項　目		目標設定	達成状況
目　標	1	新商品Aの開発	中期計画の重点である新商品Aの開発は新技術が必要な高いレベルのテーマであった。当初社内だけでの開発予定であったが、期中においてグループ企業B社と協働開発することになった。そのリーダーとしてリーダーシップを発揮して、さまざまな障害を克服し開発を完了したが、若干当初計画より遅れてしまった。
	2	展示会の成功	従来の展示会は、支店からの個別要望に基づき、バラバラの対応であったが、効率が悪く、組織的なフォローが弱かったため、統一コンセプトを打ち出し、全社的な販促体制を構築し、展示会を成功させた。営業部門の担当者からも好評であった。
	3	メンバー甲さんの育成	甲さんの育成は一部に課題が残った。理由は、期中、中途採用の乙さんが入社し、即戦力として活用するために乙さんの育成も任された。甲さんの育成と同時並行して対応した。何もわからない乙さんの育成を優先し、予定通り指導・育成を完了した。 新商品Aの開発やトップからの次世代商品の構想提案の件に追われて、甲さんの育成が後回しになったことは否めない。
目標の追加		次世代商品の構想を役員会で決裁を受ける	トップより、今年度中に次世代商品の構想を役員会答申するよう突然の指示があり、追加目標として設定し、構想案をまとめあげ役員会答申をした。これに対して、斬新さに欠けるとして、再検討の指示があった。
目標以外の特筆事項		※期初には想定できていないテーマ	営業担当の対応ミスから、大口顧客のクレームが発生した。営業と連携してクレーム解決に取り組んだが、競争他社からの新規提案があり、これに伴い取引は解消となってしまった。
			定例ミーティングにおいて、複数の視点から意見を提案をし、開発部門の業務効率化に貢献した。

［注］目標は簡略化しテーマのみの記述としています。

また、図表3-23は、本人からの報告に基づいて評価者（上司）が組織貢献度の視点から評価した結果です。

● 図表3-23　上司による開発職リーダーの組織貢献度評価（事例）●

項目		目標設定		評価者の判断	貢献度評価
目標	1	新商品Aの開発	達成度	計画よりも遅れて若干未達成であった	a
			貢献度	1. 組織の中核を担うテーマに挑戦した 2. 状況変化に弾力的に対応した 3. メンバーに影響力を与えて課題を克服した 以上をふまえると、目標は一部計画より遅れたものの、組織貢献度は高い	
	2	展示会の成功	達成度	展示会を成功させ営業部門の担当者からも好評なほどであった	a
			貢献度	展示会の成功の要因として、全社的な販促体制という新しい仕組みを構築した	
	3	メンバー甲さんの育成	達成度	甲さんの育成は一部に課題を残した	b
			貢献度	甲さんの育成は一部に課題が残ったが、当初想定していなかった中途採用の乙さんの育成に優先対応したことは正しい判断である。一人の育成予定に対して二人の育成に取り組んだ	
目標の追加		次世代商品の構想を役員会で決裁を受ける	達成度	決裁が得られなかった	c
			貢献度	トップの求めるレベルでの次世代商品の構想が立案できなかった	
目標以外の特筆事項		※期初には想定できていないテーマ ※目標設定をしてないため達成度はない	貢献度	クレームの原因は、営業にあるものと考える。営業をカバーして協働対応をした点は評価できるが、対応の内容が競争他社の新規提案を跳ね返すだけのものではなかった点は否めない	b
			貢献度	定例ミーティングで都度、提案をしたが、リーダーの役割としては相当の取り組みである	b

［注1］目標は簡略化しテーマのみの記述としています。
［注2］組織貢献度が高い1と2の目標をふまえて総合評価はA評価。　貢献度評価　高い：a　相当：b　低い：c

事例のように、単に達成度で評価をするのでなく、組織貢献の視点から実態を把握して評価をするのです。また、組織貢献といっても目標として期初に想定できる内容もあれば、できない内容もあります。環境変化が激しい中で、事業戦略は弾力的に軌道修正されなければなりません。事業戦略が変われば、メンバーに期待する行動や成果も変化します。このように、環境変化の中で組織貢献した事実や組織貢献できなかった事実の追求を通じて、組織の成長と個人の成長の促進をめざすことが重要です。

この考え方について、難易度評価を事前に確定するのではなく、事後に確定をすれば済む話ではないかとの指摘を受けることがあります。しかし、難易度と組織貢献度とでは、評価に対して何を重視するか意味合いが異なります。意味合いを明確にすることによって、組織貢献を意識した評価制度の活用を促進することがねらいです。成果評価の呼称も「貢献度評価」に改訂したケースもあります。

3. 行動評価のポイント

多くの組織では、成果評価だけでなく行動評価を実施しています。行動評価とは、文字通り行動を評価することです（図表3-24参照）。能力評価やコンピテンシー評価と呼ぶ企業もありますが、理論はともかく行動評価と同様の仕組みと考え方で活用をしているのが多くの組織の実態です。ここでは、行動評価のポイントを解説します。

●図表3－24　行動評価項目と着眼点（例）●

◆5等級（監督職）

行動評価項目	定　　義	着　眼　点
1．責　任	自らの役割・立場を認識し、求められる業務を確実に遂行したか。	①自分の役割・立場を理解し、業務を最後までやり遂げようとした。 ②責任転嫁をしたり、適当な取り繕いや言い訳をいったりすることはなかった。
2．チャレンジ	困難な課題に対して果敢に取り組み、現状を打破しようと意欲的に対応していたか。	①困難な課題であっても避けることなく、積極的に取り組んでいた。 ②改善と提案を積極的に行ったり、新しい業務やテーマにも挑戦したりしていた。
3．折衝・交渉	監督職として、組織の役割を全うするために内外関係者と的確な折衝・交渉および協力関係を築いたか。	①所管業務において、最善の成果が得られるように、相手の立場や考えを尊重しながら組織内外の関係者と折衝・交渉していた。 ②自分の所属組織だけでなく、他組織とも積極的に協力関係構築に取り組んでいた。
4．指導・育成	メンバーの能力の伸長度に応じた指導や状況に応じたフォローを行い能力や意欲を高めたか。	①メンバーの業務遂行のレベルアップに向けて、助言や指導・育成に取り組み成長を促進していた。 ②メンバーの業務遂行状況を把握し、適切に指導・監督を行っていた。
5．マネジメント	所属組織の役割を全うする上での監督職としての業務管理は的確であったか。	①業務遂行に関する目標設定、計画立案、段取り、事前の指示等は的確であった。 ②業務遂行に関する進捗管理を行い、その都度の指示や判断を的確に行っていた。また、業務遂行の結果や問題状況を分析・検証し次の業務遂行に活かしていた。 ③コスト意識を念頭において業務を遂行していた。
6．リーダーシップ	組織の役割遂行に向けて、コミュニケーションを通じてメンバーに働きかけて行動を促していたか。	①メンバーとのコミュニケーションを適切にとりながら、メンバーが納得して主体的に行動するようにリードしていた。 ②建設的な意見を発言し、自ら先頭に立って行動するなど手本となる言動をし、メンバーに良い影響を与えていた。

7. 問題解決	監督職として、業績向上に向けた問題解決や事故・トラブルの発生防止策等を確実に実行したか。	①チームの業績向上に解決すべき問題点について、適切かつスピーディーに対応した。 ②再発防止につながる指示や対策を確実に打ち出していた。	
8. 上位者の補佐	監督職としての役割を認識し、主体的に上位者の補佐や意見具申を行ったか。	①業務の遂行状況を把握し、主体的に上位者の補佐をしていた。 ②問題意識を持って仕事に取り組み、組織運営上の問題点や改善点等について上位者に意見具申をしていた。	

（1）行動評価のねらい

「最終評価はせいぜいA評価、B評価、C評価の3ランクでしかないのに、なんで行動評価は10項目も細かく評価をしなければならないのか」との質問を受講者から受けたことがあります。評価には査定と検証の側面があることを解説しましたが、この受講者は査定の側面しか意識していなかったようです。

1）行動改善や人材育成につなげる

　成果が出せた、あるいは出せなかった原因は、取り組み過程上の行動にあります。そこで、メンバーの日々の行動側面について、どのような点が期待どおりで、どのような点が不十分であるのかを多面的に検証して、次の行動改善や人材育成につなげることがねらいです。つまり、前期を反省して次期に活かすことで成長を促進します。

　環境が大きく変化する中で、新たな成果を継続して生み出さなければ組織は存続できません。そのためには、新たな成果を創出できる人材が必要となります。行動評価を通じて人材を育成する視点を持つことが大切です（図表3－25参照）。実務では、この視点が見失われて、単に昇給や昇格を決定するための査定（点数づけ）に終始しないように注意しなければなりません。

● 図表3-25 行動評価で新たな成果を創出できる人材育成を促進 ●
行動評価は環境変化の中で新たな成果を創出できる人材を育成する視点で活用

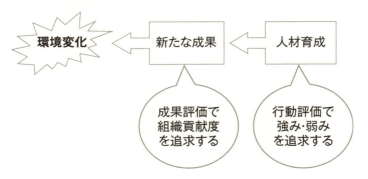

2) 評価の納得性につなげる

　成果は、環境変化や時には運・不運に影響を受けることがあります。例えば、すばらしい企画書を作成して完璧な提案をしても、顧客側の業績悪化で受注に至らなかったといったことが生じます。メンバーとしては、いくらがんばっても成果しか評価されなければ能力向上への取り組み意欲や、仕事に対するやる気を失うことが懸念されます。そういう意味で行動評価は、行動として顕在化した本人の真の実力の側面を評価することによって処遇に対する納得性を高めるねらいもあります。もちろん、不十分な行動であった場合には、その行動の事実をふまえて評価することはいうまでもありません。

　また、処遇としての賞与支給額の決定には、短期的な成果評価を重視し、昇給額や昇格の決定には本人の実力をふまえた行動評価を重視した運用が一般的です。

(2) 行動評価の手順

　行動評価は目標のように何を評価するのかを事前に設定していません。日々の職務活動の中で、評価者が評価に値するメンバーの行動事実を把握して総合的に判断しなければなりません。そういう意味では、主観が入りやす

く、感覚的な評価に陥りやすい側面を持っています。そこで、的確な行動評価を行うためには、評価者は自組織の期待基準としての等級基準をふまえて被評価者に対する期待レベルをしっかり意識しておくことが必要になります。また、評価項目と着眼点の内容を事前にしっかりと理解しておくことが大前提となります。さらに、以下の手順1から手順3までをふまえることがポイントになります。

〔手順1〕評価対象とする行動の取捨選択【評価対象となる行動か否かの判断】

　評価ランクを決定する時になって、記憶に頼って評価をしてしまうとイメージや断片的な事実で評価をすることになりがちです。まず、評価者は、メンバーの職務活動の中で評価に値する行動を意識して取捨選択することが行動評価のスタートです。この際、メンバーの格付等級をふまえた評価項目に該当する日常の主要行動が評価対象となります。当然ですが、評価期間および就業時間内の職務に関した行動に限定されます。

〔手順2〕評価項目の確認【どの評価項目で評価すべきかを判断】

　手順1で、ある行動が評価対象となると判断したら、次に、その行動がどの評価項目に該当するかを確認します。そのために評価者は、評価項目と着眼点の内容を事前にしっかりと理解しておくことが必要であることは上記で確認したとおりです。

　手順2は、実務的には手順1と同時並行して行うことになりますが、ここで強調したいのは、手順1と手順2はあくまで期中における都度の対応である点です。期末の評価の点数や評価ランクを決定する時点での対応でありませんので誤解をしないでください。評価の事実根拠の把握は、あくまで期中において都度、行うことが必要であることはすでに解説したとおりです。

　また、特に評価対象となる重点的な行動については、記録をしておくと、

評価の際に具体的な根拠をふまえて評価をすることが可能になります。記憶に頼ると勘違いをしたり、断片的な事実で評価をすることが懸念されます。記憶は消えますが、記録は残ります。的確な評価に向けて期中の行動記録をとる習慣を身につけましょう。ここでは、2種類の行動記録用のフォーマットを図表3－26および図表3－27で紹介しておきます。

図表3－26の行動記録シート（タイプ1）は、行動事実を把握した時点で、どの評価項目に該当するかを同時に確認した上で、該当欄に都度、記録をするタイプです。手順1と手順2を同時並行して対応することになります。また、最低、四半期に1回は振り返りを行い、空欄になっている項目については、該当する行動の有無を確認し、追加記入をします。

一方、図表3－27の行動記録シート（タイプ2）は、どの評価項目に該当するのかを都度、仕訳をしながら記録をとることが煩雑と感じる場合に、日付欄とコメント欄のみを設けて備忘録として記入をするタイプです。タイプ2を使用する場合は、評価に該当する行動だけを記録するのではなく、メンバーの指導・育成や自己のマネジメントを遂行する上で重要な情報も含めて記録をとることを提案します。単に評価の点数をつけるためだけに記録をとろうとすると、その意義が感じられないこともありますが、メンバーの指導・育成や自己のマネジメントの強化に役立つものであれば行動記録シートをつける意義もより高まるのではないでしょうか。

このように期中においてメンバーの状況を把握しておけば、評価の時になってあわてることもなく、的確な評価や指導・育成につなげることが可能になります。

〔手順3〕点数（評価ランク）の決定【評価基準のどのレベルかを判断】

期中に押さえた行動事実をふまえて、評価時点で、最終的な点数（評価ランク）を決定します。被評価者の等級、職責、役割によって期待レベルが異なりますので、これらを勘案した上で、どの点数（評価ランク）に該当する

第3章 人事評価制度の活用

● 図表3－26　行動記録シート（タイプ1）●

◆ 5等級（監督職）

行動評価項目	第1四半期	第2四半期	第3四半期	第4四半期
1. 責　　任				
2. チャレンジ				
3. 折衝・協調				
4. 指導・育成				
5. マネジメント				
6. リーダーシップ				
7. 問題解決				
8. 上位者の補佐				

● 図表3－27　行動記録シート（タイプ2）●

メンバー氏名		役職		等級	
月／日	行動の事実と指導育成内容				

かを判断します。ここでの最重要ポイントは、評価基準に基づいて判断することです。

　以上のように、行動評価は、手順1：評価対象となる行動か否かの判断、手順2：どの評価項目で評価すべきかを判断、手順3：評価基準のどのレベルかを判断、と「判断」の連続になります。それだけに評価者の主観が強く出がちです。人は、日頃、印象でものごとを判断したり、自分のものの見方、考え方や価値観に照らして判断をしています。例えば、良い印象であれば高い評価を、悪い印象であれば低い評価を下しがちです。また、過去、自分ができたことをメンバーができないと低く評価し、自分ができなかったことをメンバーができると高く評価しがちです。これらの判断の傾向が、評価の際に「陥りやすい心理的エラー」（図表3−28参照）として頭をもたげてきますので注意が必要です。

●図表3−28　陥りやすい心理的エラー●

エラー名称	内　容	主な原因	対　策
ハロー効果 (halo effect)	「優れている」とか「高度である」という印象を抱いた場合、それ以外のことがまったく勘案されずに、他の特性や部分についても「優れている」とか「高度である」と評価してしまう傾向	・イメージで見てしまう ・断片的な事実で見てしまう ・過去の成果に引きずられる ・学歴、等級、第一印象、好き嫌い	・人ではなく仕事の事実を押さえる ・主観、イメージ、印象を意識して排除する
寛大化傾向	実際よりも「甘く」評価してしまう傾向	・メンバーとの関係を悪化したくない ・部門間の競争が激しい ・意図的な場合 ・等級や年功に配慮してしまう	・具体的な事実をつかむ ・評価基準に対して判断する ・独断性を排除する

第3章 人事評価制度の活用

厳格化傾向	実際よりも「厳しく」評価してしまう傾向	・チャレンジ精神が旺盛（自分に厳しく、他者にも同様の取り組みを求める）	・具体的な事実をつかむ ・評価基準に対して判断する ・独断性を排除する
中心化傾向	評価が事実に反して、評価尺度上の中央部に集中してしまい、あまり優劣の差がない評価をしてしまう傾向	・事実を把握していない ・メンバーの仕事がわからない ・評価者に自信がない ・評価のルールをよく知らない	・メンバーをよく知る。そのために日頃からコミュニケーションを密にする ・事実を押さえる ・メンバーへの指導・育成に真剣に取り組む
対比誤差	自分自身を基準として対象者を評価することで、寛大になったり、厳しくなったりする	・自分の状況と他人の状況を同一視する ・自信過剰、固定観念 ・メンバーのことを知らない	・自分という基準を一旦取り払う。 ・自分と違う他者の良さを知る ・期待基準を意識する
論理的誤差	評価者の頭の中で評価項目間の論理的関係を作り上げてしまう（計画性がある＝仕事が速い）	・評価者が緻密に考えすぎる ・論理的な誤解 ・短絡的な思考	・事実を重視する ・相手との面談等を通じて独断性を排除する ・評価基準に対して判断する
近接誤差	評価期間を総合的に見て評価するのではなく、評価の直前のことだけで評価してしまう傾向	・時間がない（かけていない） ・評価時期だけで判断する ・評価する事実が記録されていない	・事実データの把握 ・特筆事項は記録をする ・対象期間を総合的に見て判断する
一貫性欠如	メンバーや業務の出来映えが同じであっても、評価を行う時期や状況によって評価が安定しない傾向	・評価基準やルールを理解していない ・評価に対する真剣さが弱い	・評価基準、ルール、等級定義をしっかり把握し基軸を持つ ・気分や感情で判断しない

これらのエラーは、特定の人が陥るのではなく、誰もが陥りやすいエラーとして評価の際に意識して排除しなければなりません。ただし、過剰反応するのではなく、既に解説をしました「評価の基本原則」である、期待基準、事実の持つ意味、判断基準を意識することで軽減することが可能です。陥りやすいエラーの内容を理解するとともに、評価を実施する際に留意してください。

(3) 行動事実を把握するポイント

確認してきたとおり、人事評価は「事実」に基づいて実施しなければなりません。これは成果評価も行動評価も同様です。つまり、公正かつ公平な評価を実施するための最大のポイントは、「メンバー個々人の職務遂行の事実をどのように把握するか」ということになります。しかし、評価者は、メンバー個々人の職務活動を常に観察して記録しているわけではありません。特に、プレイングマネジャーの場合は、自分自身もプレーヤーとして職務遂行をしているため、メンバーの行動を逐次把握することが物理的に困難な場合も多々あります。このような中で、メンバーの行動事実を把握するためには、次の点を意識すると良いでしょう。

1) 重要・重点職務を中心に行動事実を把握する

メンバーの職務活動を100%把握することは物理的に困難です。評価はメンバーの職務活動の断片を見て判断せざるを得ません。それでは、どのような断片をとらえることが必要でしょうか。それは言うまでもなく、本人にとっての重要・重点職務の遂行場面に焦点を当てることです。重要・重点職務を遂行した結果としての成果やそこに至る行動に差があるからこそ、昇給や賞与の支給額に差がついてしかるべきといえます。

①目標達成に向かう行動を評価する

重要・重点職務の代表的なものは何かといえば、それは目標です。目標設

定内容は本人にとってその期の重点となることがらになっているはずです。この視点に立つと、目標達成に向かう行動に焦点を当てることがポイントといえます。

図表3－29は、ある営業社員の目標設定事例です（第3節 マネジメントとしての進捗管理の実践で解説した図表3－15と同じ事例です）。この事例の「目標達成過程で解決する課題」への取り組み事実を確認することによって、行動評価に該当する事実を把握することができます。先ほどの行動評価の評価項目と着眼点（例）（図表3－24参照）に照らすと図表3－30のように整理できます。

●図表3－29　営業社員の目標設定事例（図表3－15と同じ）●

達成基準	達成方法→目標達成過程で解決する課題
売上目標1億円を達成する	①新技術を導入した新規サンプルを開発する ②①をふまえてこれまでとの違いをアピールする企画書を作成する ③大口の新規顧客を開拓する

●図表3－30　課題解決への取り組みで顕在化する評価項目と行動●

目標達成過程で解決する課題	左記の課題解決への取り組みで顕在化する評価項目と行動
①新技術を導入した新規サンプルを開発する ②①をふまえてこれまでとの違いをアピールする企画書を作成する ③大口の新規顧客を開拓する	【責任】 目標達成に向けて課題解決を最後までやり遂げようとする取り組み過程に「責任」が顕在化する。 【チャレンジ】 新技術を導入した新規サンプル開発の取り組み過程に「チャレンジ」が顕在化する。 【問題解決】 サンプル開発、企画書作成、顧客開拓への取り組み過程で生じた問題への対処に「問題解決」が顕在化する。 【折衝・交渉】 新規顧客開拓の取り組み過程に「折衝・交渉」が顕在化する。

一般に、1人が3項目から5項目の目標を設定していますので、1目標に3つの目標達成過程で解決する課題が設定されていれば、合計9～15の解決する課題への取り組み行動が押さえられることになります。このように目標達成過程で解決する課題への取り組み状況に焦点を当てることによって、行動評価の根拠を把握することができるのです。

②目標以外のどのような重点・重要職務に行動が顕著に現れるかをあらかじめ意識する

　もちろん目標達成に向かう行動の側面だけでは行動評価項目のすべてを評価することはできません。次のポイントとしては、行動評価項目に該当する行動が顕著に現れるのは、目標以外ではどのような職務活動場面かをあらかじめ意識することです。図表3－31は、ある企業の行動評価項目とメンバー別（等級別）に行動が顕著に現れる職務活動場面を設定した事例です。

●図表3－31　行動評価場面の想定例●

行動評価項目	Aさん（2等級）	Bさん（3等級）	Cさん（4等級）
計画性	・メンテナンス計画の作成 ・作業の優先順位の判断と決定 ・業務計画の作成	・オーバーホール計画の作成 ・人員配置計画の作成 ・単年度計画の作成 ・具体的な活動計画の作成	・予算計画の策定 ・月間計画と行動プロセスの立案 ・工場への生産計画の立案
コミュニケーション	・申し送りの場面の対応 ・定例ミーティングにおける報告・連絡・相談の場面	・作業指示と伝達の場面 ・メンバーへの指示、取りまとめの対応の場面	・組織内の情報の共有化への対応 ・社内だけでなく、社外との調整・交渉の実施の場面 ・支店、他グループとの調整と情報収集の場面
状況判断	・マーケットでの変化への対応 ・店舗、競合の動きへの対応 ・上司への業務報告	・周りの環境の変化（店舗、地域、競合）を判断し、その内容を的確に報告する ・状況を分析した上で的確に報告	・中長期的視点や周りへの影響も考えた会議の場や都度のタイムリーな報告

さらに、このような想定例を一歩進めて、上司とメンバーの間で期初に共有することによって、メンバー自身もどのような側面が評価されるかが理解でき、評価の納得性を高めることにもつなげられます。

2）再現性・継続性のある行動を評価する

行動評価は、ある時には発揮され、またある時には発揮されないといった不安定なものは評価しません。「再現性」や「継続性」をもって示されることがなければ、行動があったとは認められません。「たまたまやった」「たまたまやらなかった」という瞬間的な行動事実で過剰反応しないように注意することが必要です。

また、行動評価は、中長期的なメンバーの成長の視点から実施することが重要です。そこで、評価対象期間の事実で評価することはもちろんですが、前期と比較してどのような側面が成長したかを意識する動態的な視点も併せて持つことが大切です。

4．評価を通じたメンバーの指導・育成

（1）メンバーの成長に向けて PDCA サイクルを回す

第2章では、組織貢献に向けて目標による管理を通じて PDCA サイクルを回す重要性を解説しましたが、仕事の成果を追求することは意識しても、同時並行してメンバーの成長に向けて PDCA サイクルを回すことが、手薄になっていないでしょうか。「結果ばかりが追い求められる」、「忙しくてメンバーの育成まで手が回らない」といった声を聞くことがありますが、これでは人材の成長は促進されません。

評価には、メンバーの行動改善や育成といった成長を促進するねらいがあります。ここでは、メンバーの成長に向けて PDCA サイクルを回すポイントを解説します。

ここまでの解説を含めて、メンバーの成長に向けて PDCA サイクルを回すポイントを示したのが図表 3 − 32 です。

●図表 3 − 32　成長に向けた PDCA サイクル●

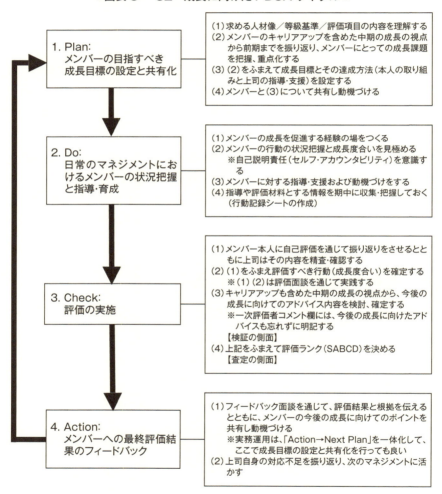

1）Plan：メンバーの目指すべき成長目標の設定と共有化

特に、重要な点は、成長目標を顕在化しメンバーと共有することです。仕事の目指す成果は目標設定シートに記述をしますが、成長目標を設定しているケースはあまり見られません。評価を通じて把握したメンバーの良い点、不十分な点をふまえて、今後の指導・育成課題を顕在化して、フィードバック面談で共有化をすることで対応しているのが一般的です。

確かに、実務の負荷を考えると目標設定シートには記述しないまでも、Planの段階で本人の中期的なキャリア開発を含めて成長目標について考え、メンバーと共有する取り組みは実践して欲しいところです。成長目標が上司・メンバーとも無意識状態であれば、成長に向けた取り組みも行われません。人材の指導・育成が重要といってみても、実践が伴わなければ話になりません。

2）Do：日常のマネジメントにおけるメンバーの状況把握と指導・育成

仕事の進捗管理と同時並行して、メンバーの成長状況を把握して、指導・育成に取り組むことが必要です。第3節で解説しましたが、目標達成に向けての取り組み行動に本人の能力が顕在化します。自己説明責任（セルフ・アカウンタビリティ）をベースにメンバーの能力発揮状況を把握して、都度の指導や育成を行います。また、人材育成は鍛錬を通じて促進されますので、メンバーの能力を超える新たな経験の場づくりを意識することも忘れてはなりません。

3）Check：評価の実施

上司の評価の前に、メンバー自身に自己評価をさせます。前期と比較しての成長した部分あるいは不十分であった部分について振り返りをさせ、今後の自己成長課題について考えさせます。最初から上司の考えを伝えてしまうとメンバー自身に考えさせる機会を失わせてしまいます。また、上司からの一方通行の押しつけと受け止めるメンバーも出てきます。

次に、メンバーの振り返りをふまえて、上司は中期のキャリア開発の視点も含めてメンバーの成長度合いについて確認、精査を行い、上司としての今後の成長に向けたアドバイスを検討、確定します。メンバーの認識と上司の認識にギャップが生じることもありますので、その際は、評価面談での話し合いを通じてギャップを埋めることが必要になります。

4）Action：メンバーへの最終評価結果のフィードバック
　フィードバック面談を通じて、評価結果と根拠を伝えるとともに、メンバーの今後の成長に向けてのポイントを共有し動機づけを図ります。実務活用としては、「Action → Next Plan」を一体化して、この場面で成長目標の設定と共有化を行っても良いでしょう。また、上司自身の対応不足などを振り返り、次のマネジメントに活かすことも忘れてはなりません。

（2）的確な自己評価に向けた上司の指導
1）自己評価を実施するねらい
　評価には、【査定】と【検証】の2つの側面があることを本章の冒頭で解説しましたが、自己評価をするねらいは、自己査定と自己検証を行うことにあります（図表3-33参照）。

●図表3-33　自己評価の2側面：自己査定と自己検証●

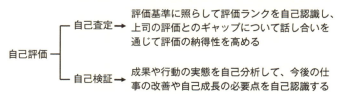

※納得性に向けた「自己査定の側面」と今後の成長に向けた「自己検証の側面」は両面とも重要ですが、組織貢献に向けてまず意識すべきは自己検証の側面です。

①自己査定の側面

　上司とメンバーが評価について話し合うと、評価に対する認識の食い違いが生じることがありますが、お互いの認識の違いや評価の甘辛に気づいたりする機会と受け止めることが大切です。このような場合、互いに感情的にならないように留意して、認識の違っている点について「評価の基本原則」に基づいて話し合い、認識のギャップを埋めて納得性が高まるようにリードします。

②自己検証の側面

　評価は、上司が実施してフィードバックをしてくるから、本人はそれを待っていれば良いわけではありません。これでは受け身になってしまいます。メンバーの自発性・自主性・自律性を高めるためには、自己検証（内省）をすることによって、メンバー自身が自分の良かった点、不十分であった点を客観的に認識して、次の活動に活かしていくことが不可欠です。そのためのリードや支援をすることが上司の役割であることはいうまでもありません。

2）自己評価の実際と対応

　自己評価は、一般に甘くなる傾向が見られます。その理由はさまざまですが、基本的に人には自分をよく見せようとする心理が働くといわれています。また、自己評価は上司へのアピールという側面もあるため、良い点を報告して、不十分であった点は記述せずにぬぐってしまうこともあります。

　さらに、自分の格付等級に求められている役割や期待されている仕事のレベルを理解していないことが原因のこともあります。特に自己主張の強い人の場合、誇張するあまり実際の成果や行動よりも自己評価が高くなる場合もありますし、逆に謙虚な人の場合は、良い行動をとっているにもかかわらず自己を低く評価する場合もあります。

　そこで、メンバーに的確な自己評価をさせるための働きかけを以下に整理します。ポイントは、「自己評価の実施前」と「自己評価の実施後」の２つの

側面から対応することです(図表3-34参照)。

● 図表3-34 的確な自己評価に向けた上司の働きかけ ●

◆自己評価を行う前の働きかけ

1. 本人の等級に求められる役割や期待した職務遂行内容を再確認する
2. 自己評価(SABCD)とその事実根拠を具体的に記述したり評価面談で説明したりするように周知する
3. 良い点ばかりでなく、不十分であった点も振り返らないと成長につながらない点を認識させる
4. 上司としてはどのような仕組みや視点から評価をするのかについて再度説明する

◆ 自己評価後の評価面談での働きかけ

1. 本人の等級に求められる役割や仕事の遂行レベルといった【期待】を確認し共有する
2. 実際にどのような成果や行動であったか【事実】を確認し共有する
3. どのような状態をA評価とするか、B評価とするか【評価基準】を確認共有する

※評価の基本原則に基づく対応を意識します。

◆自己評価の実施前

会議や面談で自己評価のねらいや実施する際の留意点について、また、上司としてはどのような仕組みや視点から評価をするのかについて説明をして、あらかじめメンバーに徹底しておきます。

◆自己評価の実施後

評価面談の場の話し合いを通じて指導します。本人評価およびコメントは、ある意味、上司に対するアピールという側面があります。そこで、これを真っ向から否定せずに、まずは本人の考えや意見を聞いた上で、お互いの認識ギャップを埋めるとともに自己評価の甘辛などに気づかせます。

（3）評価面談の意味と進め方

　評価に関する面談は、一次評価者が評価をする前に、メンバーと評価対象期間を振り返る「評価面談」と最終評価が確定した後に、評価結果とその根拠を伝達し、併せて今後の成長ポイントなどについて話し合う「フィードバック面談」があります（図表3－35参照）。

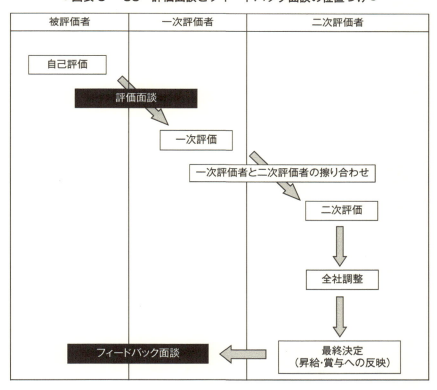

●図表3－35　評価面談とフィードバック面談の位置づけ●

　ここでは、評価面談を実施する意味と評価面談の進め方について解説します。

1）評価面談の意味

　評価面談は、形として実施するだけでなく、その運用が適切かつ効果的になされなければなりません。そこで、上司は、以下の3つの場面の意味を理解した対応が求められます。

　第一は、成果や行動の事実を最終確認する場面です。目標に関する成果や行動の事実を最終確認し、評価に対する上司とメンバーの認識のギャップを埋めます。これらの事実について「やった、やらなかった」「できた、できなかった」の認識ギャップがあっては評価に対する納得が得られにくくなります。メンバーからの自己評価をふまえて、上司が事実確認をする上でのポイントは図表3－36をご参照ください。

●図表3－36　自己評価をふまえた事実確認のポイント●

```
□的確な評価をするためにどこを重点的に押さえるべきか
□期初に設定した目標や期待した行動に対して的確な報告がされているか
    ※違う内容にすり替わっていないか
□定量目標については、達成数値がどうであったか
□定性目標については、変化した状態（改善・改革状態、成功事例）、効果、貢献度がどうであったか
□価値ある行動や努力はあったか
□今後の組織貢献に寄与する新たな成果を生み出したか
```

　第二は、反省して次に活かす検証の場面です。査定のための事実確認で終わっては意味がありません。今後の組織貢献に向けて目標の達成・未達成の原因を追及し、行動の善し悪しを振り返り、次期に向けての課題を共有化します（図表3－37参照）。特に、これまで経験したことのない新たな課題を解決するためには、智恵の出し合いが必要になります。そこで、上司・メンバーというよりはお互い仕事のパートナーとして持てる情報や智恵を出し合

い、次期に向けての対応策を詰めることが重要です。

●図表３－37　評価面談における振り返りの主な視点●

（1）プラスの側面
・目標が達成できた要因や重点職務について良かった点は何か
・今期の成果をふまえて、次期に何をどのように活かすかあるいは展開するか
・次期に向けての新たな課題は何か

（2）マイナスの側面
・目標未達成の要因や重点職務について不十分であった点は何か
・安易な方向に流れ、やるべきこと困難なことから逃げていなかったか
・次期は未達成・不十分としないためにどのように対応すべきか
・次期に向けての新たな課題は何か

（3）新たな気づき
・実際に目標や重点職務に取り組む中で何を発見し、気がついたか
・それをふまえて次期に何をどのように活かすかあるいは展開するか
・次期に向けての新たな課題は何か

（4）能力開発への取り組み
・今期の取り組みと次期以降の組織貢献に向けての成長課題は何か

　第三は、メンバーへの指導、動機づけの場面です。事実確認と検証をふまえて、メンバーに対する指導、助言を実施するとともに、次のステップに向けた動機づけを行います。また、上司としても反省すべき点は反省する場面であることを忘れてはなりません。

2）評価面談の進め方
　図表３－38に「評価面談の進め方」を示しましたが、そのポイントを解説します。

●図表3-38 評価面談の進め方●

ステップ	ポイント
1. 事前準備	（1）メンバーが自己評価した評価シートを事前に提出させ、内容をチェックしておく。 （2）期中の進捗確認をふまえて、面談において確認、指摘、指導すべきポイントの整理。 ①良い点、不具合点 ②事実確認点 ③上司としての指摘、指導事項
2. 面談実施	（1）メンバー本人が職務活動の事実および今後の対応について説明し上司は傾聴する。 ①目標の結果だけでなく、その裏づけとなる行動プロセスへの取り組み内容も説明する。 ②達成・未達成の要因と本人の取り組みの反省点を説明する。 ③新たに気づいた点や今後の対応案について説明する。 ④その他の成果や組織貢献内容等に関して主張したい点があれば説明する。 （2）一方的にならないように本人にも考えさせながら、上司としての問いかけ、事実確認、指摘、指導を実施する。 ①事前準備で整理したポイントおよびメンバー本人の説明に基づいて事実を確認する。 ②①と併せて、本人の日常の業務遂行状況や悩み、要望等をヒアリングする。 （3）面談を通じて確認された重要・重点ポイントについて再確認を行う。

◆事前準備の留意点
①あらかじめ、面談で話題にすべき点、本人に気づかせる点、反省させるべき点また、日頃のメンバーからの意見具申に対する対応策等について十分考えておくことが大切です。
②上司としても反省すべき点（指導面、フォロー面等）は反省することが必要です。
③本人の認識と上司の認識にギャップがある部分を重点チェックし、その背景や理由を考えます。

◆面談実施の留意点
①評価面談は、評価の決定の場面でもあり、メンバーも緊張からくる防衛的姿勢や構えが出やすくなります。そこで、最初は「メンバーの労をねぎらう」「気楽にさせる」といった配慮も必要です。
②何のための面談かはあらかじめ知らせてはありますが、再確認します。査定ということより、評価対象期間を振り返って、今後に活かすこと、メンバーの人物評価ではなく、組織貢献のための話し合いであることを強調します。
③評価についてメンバーとの間に認識の相違がある場合（特にメンバーの自己評価＞上司評価の場合）は、まず、期待内容や期待レベルを再確認します。次に事実認識の相違箇所を明確にした上で話を詰めます。
④まぎらわしい表現は誤解を生みます。上司の期待に対して反している場合や不十分な場合は、その是非ははっきりといいます。持って回った言い回しは相手をかえって混乱させます。率直に伝える勇気も必要です。
⑤お互いの了解点に達したと思ったら、確認をして認識の共有を図ります。
⑥メンバーと上司が自己の考えや具体的な事実を出し合い、納得のいくまで話し合うことが原則です。

①事前準備

評価面談にかかわらず、面談を意味のあるものにするためには、事前準備が欠かせません。メンバーが自己評価した評価シートを事前に提出させ、上司はあらかじめ内容をチェックし、評価するために実態が把握できていない部分や上司として、確認、指摘、指導、助言すべき点について整理をしておきます。事前に準備をしっかりすることによって、面談を効果的に進めることができます。特に、期待に達していない内容について面談でどのように切り出すかについて、その展開を考えておきます。また、メンバーからの質問に対応できるように準備しておくことも重要です。

②評価面談の実施

面談では最初に職務活動の事実や今後の対応についてメンバー自身に説明をさせます。目標については成果だけでなく、そこに至る行動や達成・未達成の要因も含めて十分に説明をさせます。

次に、上司が事前準備で整理した事項とメンバーの説明に基づいて自己評価内容を検討し、確認や指導すべき点については率直にメンバーに投げかけます。この際、一方的にならないようにメンバーの意見も聞きながら双方向で対話をすることが大切です。特に、メンバーの考えや意見については、本人の表面的な言葉だけでなく、感情面や本音の部分についても注意深く観察、傾聴します。

また、評価について食い違いが生じた場合、上司は強引に自分の意見を押し通そうとせずに、評価の基本原則で解説した「期待基準」、「事実押さえ」、「判断基準」のどの側面で認識の相違が生じているのかを明らかにし、話し合いを通じてギャップを埋めることが必要です。

5. 評価のバラツキを圧縮する方法

　評価の基本原則に則って評価をしても、評価基準を精緻につくっても、評価者研修を何回実施しても、人の判断である以上、最終的に評価にはバラツキが生じることは否めません。実務運用上は、このバラツキをいかに圧縮するかが重要課題になります。ここでは、「クロスレビュー（相互評価）」という筆者たちが提案している評価調整会議を紹介します。

　一般的に評価は、一次評価が完了すると二次評価者に提出されます。二次評価者は、一段高い視点から、一次評価者が的確な評価を実施しているかを含めてチェックを行い、二次評価を確定します。この際、一次評価の内容に疑義がある場合は、二次評価者は、一次評価者と個別に擦り合わせ調整を行います。

　これに対して、クロスレビューは、図表3－39に示すように、複数の一

●図表3－39　クロスレビュー（相互評価）で評価の視点を合わせる●

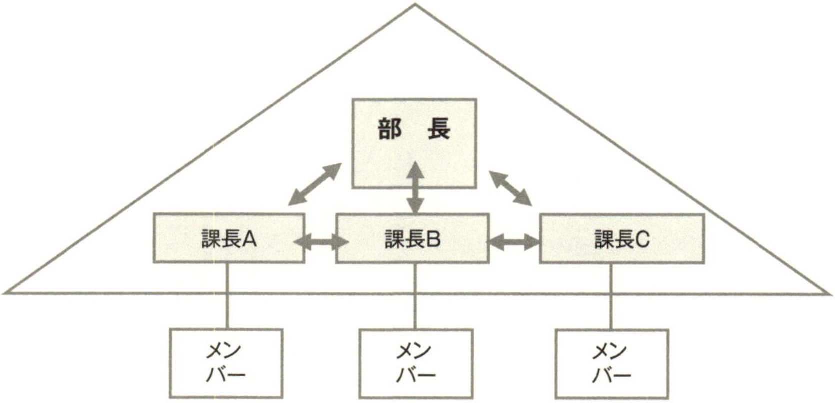

※二次評価者の部長と一次評価者の3人の課長が、一堂に会する会議形式で、評価内容について相互チェック、助言、意見交換を行います。

次評価者とその上司である二次評価者が一堂に会する会議形式で一次評価者相互のメンバーの評価について事実確認をしながら相互チェック、助言、意見交換を通じてバラツキを圧縮する調整方法です。

　特に成果評価や行動評価の特徴は、人物を評価するのではなく事実をふまえて貢献度を判断することであり、目標に対する遂行事実や日々の行動の事実が確認できれば被評価者の名前を伏せていても評価が可能な側面があります。逆に、名前を伏せておいたほうがより客観的な調整が可能となります。

　主なメリットとしては、以下の点があります。

①相互チェックを通じて評価者間のバラツキを圧縮することが可能。

②人事評価に対する管理職相互の理解促進と共通認識の醸成につながる。

③メンバーに対しても、会議の中で自分の成果や行動が検討されて評価が確定するため、フィードバックを受けた際により納得性を高められる。

　例えば、一次評価者がA評価と判断したのに対して、二次評価者はB評価と判断した場合を考えてみましょう。この時、二次評価者が一方的にB評価に修正するのではなく、クロスレビュー会議の場で、なぜB評価と判断したのかその根拠について、評価者相互の意見調整を通じて、一次評価者に納得させることが可能になります。

　また、このクロスレビューは、実際の評価実例を取り上げた評価の学習の場にもなります。このような事例研究の蓄積によって、評価者間の視点を合わせることが可能です。評価は個人の偏った主観では困りますが、最終的には、「組織の主観（主体的な判断）」になります。また、組織規模が大きく、メンバーが多く全員について擦り合わせが困難な場合は、図表3－40「被評価者が多い場合の実務対応」をご参照ください。

●図表３－40　被評価者が多い場合の実務対応●

被評価者の人数が多い場合、実務上、全ての被評価者の内容について相互チェックすることは困難なので、重点チェックする。

◆重点チェックのポイント
1．S評価候補、C評価候補、D評価候補について
2．たとえば、A評価とB評価といった、評価のボーダーラインにいるメンバーについて
3．特に問題がある場合や判断に迷う場合について
4．総合評定で加点・減点等の調整をした場合について

　一方、クロスレビューの機能は単なる査定のバラツキを圧縮するだけではありません。今後のメンバーに期待する目標の検討、共有化の場にしたり、メンバーの指導・育成課題を相互検討したりする場にもできます。

第5節
納得性の向上と人材育成を促進するフィードバック

1. 本音はフィードバックをしたくない

　人事評価においてフィードバックをする重要性は誰でも認識しており、多くの組織において実施されています。

　しかし、評価者研修の受講者に、実務においてフィードバックの実施の有無を確認すると、意外と実施されていないようです。また、人事部門からは、上司はフィードバックを実施しているものの、当たり障りのない内容でメンバーの不十分な点について突っ込んだ指導ができていないとの指摘も聞かれます。

　マイナス評価のフィードバックをすることを「ネガティブ・フィードバック」といいますが、現場の評価者からは、人事評価のフィードバック、特にネガティブ・フィードバックは、「本音ではやりたくない。あるいは、面倒である」との声を聞くことがあります。

　ここでは、評価者の本音は何なのか。なぜ、フィードバックが効果的に行われていないのかを考えてみましょう。図表3－41を使用して読者の皆さんも評価者の立場で考えてみてください。

● 図表3-41 フィードバックをやりたくない理由 ●

●質問
人事評価のフィードバック(特にマイナス評価)について、「本音ではやりたくない。あるいは、面倒である」との声を聞くことがあります。その理由(本音)は何でしょうか?

-
-
-
-
-

　フィードバックをしたくない本音の部分について、過去の人事評価研修で、受講者からヒアリングした意見を以下に整理します。

(1) メンバーからの反論が怖い

　例えば、C評価(期待する内容を下回り課題が残ったので不十分な状況)であるとフィードバックした時に、「なぜC評価なのですか。○○の点については力を入れて努力したつもりです」と反論されると、本人が納得するような説明ができるか不安になる。また、感情的な葛藤が生まれることに抵抗を感じる。

(2) 二次評価者以上の調整で評価が下がっても理由が伝えられないため困惑している

　最終評価が二次評価者以上の調整で下がったが、一次評価者にその理由が

伝えられないため、どのようにフィードバックをしたら良いのか困惑している。結果として、一次評価者としてメンバーを納得させるだけの自信のなさにつながっている。

(3) 自分の評価能力の不十分な点が顕在化しそう

評価者として評価制度の理解や評価のルールに対する知識が不十分であり、時に自己流で評価しているため、メンバーとのやりとりを通じて自分の評価能力の不十分さが顕在化するのではないかと不安になる。

(4) メンバーのモチベーションが下がり仕事に支障が出ないか不安

(1)(2)(3)の延長として、メンバーのモチベーションが下がり、仕事に対する取り組み姿勢が投げやりになったり、メンバーとの人間関係が悪化して、日々の仕事がやりづらくなったりするのではないか不安になる。

(5) 自分も行動できていないのにメンバーに行動改善を求めるのは後ろめたい

上司として自分自身が的確に行動できていないのに、メンバーに行動の改善を求め、指導しなければならない後ろめたさがある。

これらの本音の背景に、評価者に不安と葛藤が生じていることがわかります。実務場面では、「フィードバックの重要性に対する認識」と「本音としての不安と葛藤」がせめぎ合い、「フィードバックの重要性に対する認識」よりも「本音としての不安や葛藤」が大きくなると、フィードバックから忌避してしまうことにつながるのです。

2. 不安や葛藤が生じる理由

では、なぜこのような不安や葛藤が生じるのでしょうか。もう一段掘り下げて、その主な理由を考えてみましょう。

(1) メンバーからの反論が怖い

メンバーからの反論が怖いのは、不十分であった評価結果をメンバーに納得させるだけの事実根拠を評価者として期中に把握し、客観的に説明できるように整理できていないからです。

(2) 二次評価者以上の調整で評価が下がっても理由が伝えられないため困惑している

一次評価の結果を二次評価者以上で変更した場合、その理由を一次評価者にフィードバックしていないことがそもそもの理由です。ここは二次評価者が一次評価者に最終評価結果とその理由を伝えることで改善することができます。

(3) 自分の評価能力の不十分な点が顕在化しそう

これは、評価制度や運用ルールを理解できていなかったり、自分のマネジメントに自信がなかったりするからです。自信過剰は別として、自信のない評価者に評価されるのでは、メンバーはたまったものではありません。

(4) メンバーのモチベーションが下がり仕事に支障が出ないか不安

評価やフィードバックの時だけの対応に終始しているから不安が生じるのです。日々のコミュニケーションを通じて、お互いに良いことも不十分なことも話し合える関係ができず、期中のフォローもほとんど実施せずに、フィードバックの時だけ、不十分といわれれば、メンバーのモチベーションが下が

ることは当然のことです。

（5）自分も行動できていないのにメンバーに行動改善を求めるのは後ろめたい

　自分自身を客観視しているからともいえますが、役割認識が不十分だからです。上司も完璧な人間ではありません。不十分な側面は誰にでもあります。そこで、メンバーの指導・育成をすることは、自分の役割であるとの認識に立ち返り、伝えるべきことは伝えなければなりません。もちろん、自身の不十分な側面は改善しなければなりません。言行不一致では、困ります。

　評価者の本音としての不安と葛藤が生じる主な理由を整理しましたが、逆にこれらの理由を意識して克服していけば不安と葛藤を軽減することが可能になります。

3. フィードバックの2側面

　評価に対する納得性を高めるために、フィードバックを実施することは不可欠ですが、どのような内容とするのかがメンバーの納得性に大きく影響します。図表3－42は、フィードバックを実施しているものの、メンバーからは納得が得られなかったフィードバックの事例です。

●図表3－42　納得できなかったフィードバック例●

- ✓ 結果の通知のみで評価根拠の説明がなかった
- ✓ メールで結果が知らされるだけで面談をしてくれない
- ✓ 評価根拠の説明を求めてもその説明があいまいであった
- ✓ 取引先に同行訪問する車中でフィードバックらしき話があった程度
- ✓ 「もっとできただろうに」「まあ、こんなもんだね」等、上司の感覚的な意見を述べるだけ
- ✓ 「全社調整仕組みがあるため悪い評価になった」と制度のせいにして逃げている
- ✓ 失敗を前面に出されて、その他は全く勘案してくれなかった
- ✓ 結果評価のみの評価でプロセスが加味されない
- ✓ メンバーの状況を理解していないのに評価をしている
- ✓ 上司から見た自分の不十分な点を知りたいのに遠慮していうべきことをいってくれない
- ✓ 「順番だからあきらめてくれ」の一言
- ✓ 「頑張って成果を上げてくれた」といわれたが結果はB評価であった
- ✓ 同僚に確認したら他のメンバーにもワンパターンのことしかいっていなかった

　これらの事例では、「フィードバックの重要性に対する認識」よりも「本音としての不安や葛藤」が大きく、上司は、フィードバックから逃げているのかもしれませんが、それではメンバーは納得できません。

　あらためて、フィードバックとは、何をすることか考えてみましょう。「評価結果を伝えること」という認識だけであれば不十分です。評価には「査定」と「検証」の2つの側面があることを既に解説しましたが、評価をふまえて行うフィードバックにも、2つの側面があります。メンバー各人の評価結果とその根拠を具体的に伝えて納得性を高める「査定の側面のフィードバック」と今後に向けて改善すべき課題や克服すべき課題を共有し、本人の意欲を高め成長を促し、最終的には組織貢献につなげる「検証の側面のフィードバック」です（図表3－43参照）。

第3章　人事評価制度の活用

●図表3－43　フィードバックの2側面●

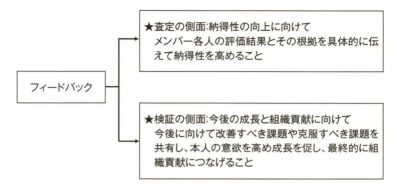

　いうまでもありませんが、フィードバックは一方通行にならないようにメンバーの考えや受け止め方も考慮しながら、評価者が筋の通った説明を行い、ともに話し合うことが重要です。残念ながら、過去の受講者に確認すると、単なる、評価結果の伝達で終わっていたり、さらには、評価結果の伝達すら行われていなかったりするケースが散見されます。

　そこで、皆さんが評価者である場合、図表3－44のマトリクスで自己のフィードバック状況をチェックすると、どこに○印がつくでしょうか。また、フィードバックを実施していないとすればその理由はなぜでしょうか。

●図表3－44　フィードバックの実践状況●

フィードバックの実践		検証の側面	
		実践している	実践していない
査定の側面	実践している		
	実践していない		

※該当する箇所に○印をつけてください。

　メンバーの指導や育成に向けてのフィードバックは、評価の時だけではなく、日常的に上司とメンバーの間で行われるべき行為です。上司は、上位方

針や組織目標をふまえて、日頃からよくメンバーの状況を把握し、必要の都度フィードバックし、本人の自覚を促すことが必要です。フィードバックを通じて、メンバーに自己の現状を認識させるとともに、行動喚起を促すのです。このような期中のフィードバックをすることによって、最終評価結果に対するメンバーの納得性をより高めるとともに、成長を促進していく評価が実践できるのです。

4. フィードバックの実施ポイント

「査定の側面」と「検証の側面」について、より具体的な実施ポイントを解説します。

(1) 査定のフィードバック
1) 評価の仕組みについて事前に説明しておく

　フィードバックにおいて、結果だけを伝えられても、どのような仕組みでB評価なのか、C評価なのかという点が理解されていなければ、不信感が募ることも懸念されます。メンバーの職務活動をどのような仕組みでどのように評価したのか、その内容について説明をしますが、そのベースとなる仕組みについては、フィードバックの場で初めて説明するのではなく、評価対象期間が始まる前にあらかじめ説明しておくことが必要です。

　例えば、相対評価を導入している企業では、フィードバックの場で、「相対評価の仕組みがあるからC評価になりました」と評価が下がった理由を仕組みのせいにすることがありますが、これではメンバーとしては納得できません。相対評価の仕組みについてはあらかじめメンバーにオープンにし、説明をしておくことが公正な評価に向けての必要条件です。

2）不十分な場合こそ熱意と自信を持って向き合う

　評価の結果を本人に伝える場合、A評価といったプラス評価のメンバーに対してはフィードバックもやりやすいのですが、C評価やD評価といったマイナス評価のメンバーに対するフィードバックをすることは気の進まない面もあります。しかし、評価結果が悪いからこそ、それを克服するために評価を実施しているわけであり、評価者は真剣に、熱意と自信を持ってメンバーと向き合うことが重要になります。「正直、不十分な点が見られるが、まあ、それなりにやっているからB評価でいいだろう」とやり過ごしてしまうと、メンバーのためになりません。また、フィードバックを行う大前提は、期初における期待の共有化や日常の職務活動におけるメンバーの指導・助言を通じたフォローや信頼関係の醸成です。評価者はフィードバックの時だけの対応に陥らないように留意する必要があります。

3）メンバーの具体的な職務活動の事実や評価の根拠を説明する

　評価は具体的な職務活動の事実を評価するものですから、メンバーの職務活動の事実としての評価根拠（裏づけ）が必要になります。仕組みをふまえ事実に基づいて判断した結果、B評価です、C評価ですと具体的かつ論理的でなければなりません。

　さらに、B評価の場合は、なぜA評価とはいえなかったのか、C評価の場合は、なぜB評価といえなかったのか、その理由もメンバーに伝えられるように意識します。それは、1ランク上の評価といえなかった根拠を追求することが、次の成長課題の明確化につながるからです。

4）プレ・フィードバックを実施する

　前期よりも評価が下がる、あるいはマイナス評価が予測される場合は、期中におけるプレ・フィードバック（都度のフィードバック）が重要です。つまり、期中の進捗管理を通じて都度のフィードバックを実施することによって、メ

ンバー自身に取り組みが不十分な点を認識させるのです。最終評価のフィードバックは「ノー・サプライズ」といわれます。最終評価のフィードバックで初めて「〇〇が不十分であったのでC評価になりました」と伝えたとすれば、本人は、「えっ、期中は何ら注意を受けていませんでしたので、特に問題がないと思っていました」と反論したり、上司に対して不信感を抱いたりすることにもつながります。サッカーにたとえれば、最終フィードバックでいきなり「レッドカード」を出すのではなく、期中において都度「イエローカード（サッカーと違い前向きな指導・動機づけも含めて何度でも）」を出すことが必要です。ただし、これは特別なことを実践するのではありません。管理職の日々のマネジメント活動そのものを実践することに他ならないのです。

（2）検証のフィードバック

1）メンバーに対する指導と今後に向けての期待を説明する

評価は査定の側面だけではなく、今後の組織貢献とそのための人材育成や動機づけに向けて良い点、不十分な点についてメンバーに認識させることが重要です。上司がメンバーに対して今後の期待（仕事の側面・成長の側面）を明示することによって、メンバーの理解と行動につなげるのです。メンバーは、上司から期待を伝えられるからこそ、意識するのです。何もいわれなければ、これまでのままで良いと認識する人も出てきます。

2）特に今後に向けて必要な能力開発目標やその内容について話し合う

評価をふまえて、今後必要となる成長課題について話し合い、OJT（On the Job Training）や自己啓発の必要性を認識させます。新人や未経験部署への異動者の場合は、別途、OJTの詳細について育成計画等を作成して対応することが重要ですが、そうでないメンバーに対しても、中期・短期の視点から具体的な成長課題について話し合います。

3）メンバーごとに最適なコメントをする

同じB評価であっても、A評価に近いB評価もあれば、C評価に近いB評価もありますが、A評価ともC評価ともいえなければB評価です。しかし、同じ評価結果であったとしても、今後の業務改善や育成に向けた上司のコメント内容は当然異なります。検証の側面のフィードバックは、メンバー各人のどこが良くて、どこが不十分であるかを個別に把握をしてメンバーごとに最適なコメントをすることが重要です（図表3-45参照）。

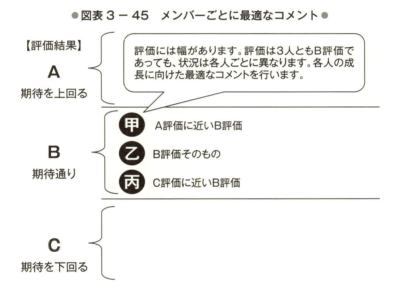

●図表3-45　メンバーごとに最適なコメント●

4）ネガティブ・フィードバックをする際の動機づけ

最終的にマイナス評価となった場合は、メンバーの耳に痛いこともいわなければなりません。メンバーにとっては聞きたくない内容であり、意欲をそぐ可能性も高いため、ネガティブ・フィードバックを行う際は、図表3-46に記述した対応に特に注力する必要があります。

●図表3－46　ネガティブ・フィードバックの留意点●

1. フィードバックを行う前段階（前提条件）
   ・上司とメンバーの間であらかじめ期待する内容を共有化しておく。
   ・日々の指導・支援に特に注力する。
   ・日頃から信頼関係を構築する。
   ・フィードバックは組織として判断した評価結果を伝えるという認識を持つ。
   ・評価結果が悪いからこそ、それを克服するために評価を実施しているわけであり、評価者は真剣に、熱意と自信を持って逃げずにメンバーと向き合う。
2. 事前準備に注力する
   ・本人の納得性を高めるために、どのような内容をどのような手順で伝えるか整理しておく。
   ・二次評価者とフィードバック内容についてあらかじめ共有化し、根拠や今後の期待、指導すべき点について合意をしておく。
3. 最終評価と具体的な根拠を伝えるが、不十分であった点だけでなく、本人の良かった点についても触れる。
4. 評価は評価対象期間内の成果・行動を評価しているのであって、評価期間が終了した時点でリセットされる点を伝える。併せて、今後に向けての課題を共有化し、動機づけを図る。
   ・上司として本人に期待している点やその内容を具体的に伝える。
   ・なぜできていなかったか、今後はどのような対応が必要かを一緒に考える。
   ・中長期の役割や成長状態を確認し、段階的な成長計画を策定する。
   ・上司も積極的に支援する旨を伝える。
   ・メンバーの考えも聞き、質問に対して丁寧に対応する（意思疎通を図る）。

5. フィードバック面談の押さえどころ

　最後に、フィードバック面談を実施する際のポイントについて解説します。

（1）メンバーの良かった点・不十分だった点と今後の課題（仕事の面と育成の面）について話し合う

①評価結果とその根拠を伝えますが、メンバーの良かった点は認めて、しっ

かりほめます。ケースバイケースではありますが、最終評価がマイナスであったとしても、良かった点をまずは認めます。否定的な話から入るよりは、肯定的な話から入ったほうが相手も受け入れやすい傾向があるからです。
②目標や業務に関する成果だけでなく、その取り組みや行動評価を通じて把握した中長期的な視点からメンバーの成長度合いについて対話の中で取り上げます。
③良かった点や克服すべき課題がより具体的になるように評価シートを用い、メンバーの等級に期待されるレベルと比較するなど対比しながら話を進めます。
④メンバーの等級に応じて今後の課題や期待する点を具体的に話し合います。

(2) 相対評価の場合でも、最終評価結果とその根拠および今後の期待を伝える

　最終的に相対評価をする場合は、本人は成果を出しても他のメンバーの成果がより大きければ、相対的に評価は低くなります。この場合は、組織の中での客観的な位置づけを認識させることが重要です。「自分は一次評価者としてA評価をつけたが、二次評価者以上の調整でB評価になった」あるいは「相対的に見ると他の人のほうが、がんばっていたので……（具体的な根拠がない）」といったフィードバックは慎まなければなりません。このようなフィードバックは、メンバーからすると「上司は逃げている」といった不信感を強めることになりかねません。

　一次評価案と最終評価に違いが生じた場合は、二次評価者と評価根拠を確認・共有することが必要です。また、相対評価の場合であっても、フィードバックは、図表3－47の「フィードバックで伝える内容」をベースに進めます。参考までに、一次評価ではB評価として提出したが、最終的に相対評価のためにC評価になった場合のフィードバックの例を紹介します（図表3－48参照）。

●図表3－47　フィードバックで伝える内容●

①評価結果を伝える

②良い点について説明する

③不十分な点について説明する

④相対評価の場合は、組織の中における本人の位置づけを理解させる

⑤今後に向けた期待を伝える（仕事の側面と本人の成長の側面）

⑥上司の支援を伝える

●図表3－48　相対評価でC評価になった場合のフィードバック事例●

「最終評価はC評価となりました。○○の点について成果を生み出し、また○○の側面では的確な行動をとったことは良い点として判断しましたが、○○というメイン業務において○○という複数の課題が残りました。

しかし、今回、B評価となった他のメンバーは、○○の点については、○○といった一段高いレベルでの成果を生み出したり、○○といった取り組みをしたりした状態でした。

そこで、○○さんには、今後、○○の点ついてはさらにレベルアップをすることを期待しています。そのためには今後、○○に関する取り組みを強化することが課題としては考えられます。

上司としてもその点について今期はサポートしていきますのでしっかり取り組んでいきましょう。」

※あくまで事例です。実務では状況に応じた対応をしてください。

（3）評価の基本原則に基づいて認識のズレを埋める

　メンバーから評価に対して納得できないとの意見があった場合は、メンバーの意見をしっかりと受け止めます。その上で、解説をしました「評価の基本原則」（図表3－49参照）をふまえて上司とメンバーの認識のズレを明らかにします。「期待内容」、「その評価決定となった成果や行動の具体的な事実」、「評価基準」について確認をします。相対評価の場合は、本人は成果を出しても、他のメンバーの成果がより大きい場合には、相対的に評価が低

くなる可能性があるため、上記で確認したように組織の中での客観的な位置づけを認識させることも重要です。

●図表３－49　評価の基本原則●

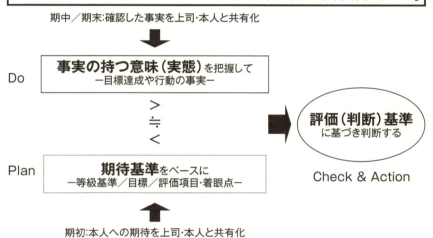

（４）フィードバック内容を事前に整理・準備する

思いつきや場当たり的なフィードバックをするのではなく、図表３－50の「フィードバックシート」を活用するなど、あらかじめフィードバックの内容を整理して面談に臨むことが効果的です。また、フィードバックシートをデータベースとして蓄積することによって、同じメンバーに対して時系列で見た時に、整合性のとれたフィードバックをすることも可能となります。

● 図表 3 – 50　フィードバックシート ●

被評価者氏名		面談日時	
1．最終評価と根拠			
2．良い点 　（ほめる点）	※評価対象期間を振り返って		
3．不十分な点 　（注意する点）	※評価対象期間を振り返って		
4．今後に向けた業務上の指示事項			
5．今後の育成・能力開発に関する指示事項			
6．確認事項			
7．総合所見	総合的に見て感じたこと・伝えるべきこと		

　さらにデータベースに関して補足をすれば、人事部門においては、評価者のコメントデータを通じて社員の育成課題を明確にすることが可能になります。社員各人に対する個別フィードバックの視点だけでなく、全社的な育成

計画の立案や実施に活用することも人材育成の観点からは重要です。

(5) 評価者自身のセルフ・モチベーション（自己動機づけ）も必要

　評価のフィードバックは、評価者自身のパワーも必要です。評価者自身がエネルギーを持たないと、メンバーに対してエネルギーを与えることはできません。評価制度の運用は、マネジメントそのものであり、管理職としての自らの役割である点を認識して取り組みましょう。

第4章

人材選抜・育成に向けた人材アセスメントの活用

第1節
人材アセスメントとアセスメントツール

1. 人材アセスメントの役割と位置づけ

　第3章では、短期的評価である人事評価の活用ポイントについて解説をしました。本章では、中長期的評価としての人材選抜に向けた人材アセスメントの活用ポイントについて以下の点をふまえて解説をします。

- 人材アセスメントの役割と各種ツール
- アセスメントセンター方式の目的、基本手順、特徴と評価項目
- アセスメント研修をサポートして人材育成を促進する研修事例

　人材アセスメントは、2つの大きな役割を担っています。ひとつは、役職任用や等級昇格の処遇場面、また、新卒者・経験者の採用場面における人材選抜の決定を支援することです。もうひとつは、対象の範囲を拡げて、個人がそれぞれの職務においてプロフェッショナルな人材として活躍できるように能力開発、キャリア開発などの人材育成の促進を支援することです。

　第1章で述べたとおり、人材選抜に向けた評価は、過去の人事評価の蓄積だけでは判断できません。中長期的な視点から、その社員に対して重要な職務や組織のマネジメントなどのさらに高度な役割を任せられるか否かの意思決定をしなければなりません。これに対して、意思決定をする役割を担う管理職は、グローバル化に伴う競争激化でマネジメント上のリスクプレッシャーや成果プレッシャーに直面し、短期志向や部分最適の行動をとり、中

● 図表4−1　管理職を取り巻く状況 ●

長期的な視点からの全体最適を考えた行動が不十分になりがちです（図表4−1参照）。

　また、このような中、人事部は、経営層から次世代を担う経営リーダーの選抜や育成を促進するように対応を迫られていますが、従来の論文試験や面接試験といった選抜手法や階層別教育の手法を踏襲しているだけで、これからを担う人材の見極めに苦慮している企業も見られます。

　経営リーダーの選抜と育成という課題は、中長期にわたって組織貢献できる人材か否かを見極めることがポイントです。そのためには、管理職も人事部門もこれからを担う人材を選抜し育成するための手法を身につけることが求められますが、その代表的な手法として、複数かつ多面的に観察するさまざまなアセスメントツールを組み合わせた人材アセスメントが位置づけられます。

2. 人材アセスメントの種類と活用方法

(1) アセスメントツール

　人材アセスメントには、さまざまな種類のアセスメントツールがあります。それぞれのツール（図表4－2参照）には特性がありますが、それらを十分に理解し、目的に合わせて効果的に活用していくことが重要です。

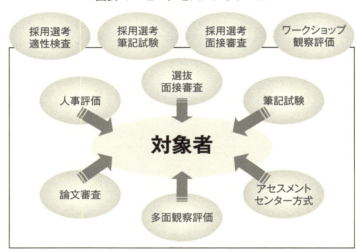

●図表4－2　アセスメントツール●

　最近では、さまざまなアセスメントツールをより効果的に活用するために、それぞれを単一のツールとして使うだけでなく、複数のツールを組み合わせて総合的、多面的な人材アセスメントを行う企業が増えています。例えば、採用選考場面では、適性検査、筆記試験、選考面接審査のほかに、潜在能力を見通すためにワークショップ形式の観察評価を導入する企業もあります。また、役職任用、等級昇格の選考場面では、新たな役割を期待することから、人事評価をもとにして、筆記試験や論文審査、選抜面接審査のほかに、多面観察評価やアセスメントセンター方式を組み込んでいます。

ではここで、さまざまな人材アセスメントツールの中でも多用されている多面観察評価について、その特徴と方法について解説します。

(2) 多面観察評価の特徴と方法

1) 多面観察評価の成り立ち

多面観察評価は、1970年代の頃から、能力開発ツールの一環として展開されてきました。1990年代では、多くの企業が成果主義人事制度へ移行したこともあって、潜在能力・資質重視から顕在能力・行動重視をする評価観への変化により、能力開発に加えて、処遇を決定するためにも導入されるようになりました。

2) 多面観察評価の定義と意義

多面観察評価とは、自己評価に加えて上司、同僚、部下の全方位、つまり360度から行動を評価していくことであり、360度評価と呼ばれることもあります。導入当初この多面観察評価は、互いが互いを評価し合うので、協調的な職場風土が脅かされてしまうのではないかという危惧がありました。しかし時代の変化によって人材アセスメントにおいて、多面観察評価は、強く求められるようになりました。その理由は下記のとおりです。

①パフォーマンスの改善を促進する

成果をあげるために、何を、どのように変えていけばよいのかという具体的な行動の改善を促進する。

②エンプロイアビリティー（雇用されうる能力）を高める

人材に必要な能力に照らして、自分の強みや改善・開発を要するテーマを的確に把握し、能力開発課題を設定することができる。

③自立的なキャリア形成を支援する

キャリア開発を促進・支援する際に、「個人が自分の能力を知る機会、企業が個人の能力を知る機会」を設定する。

④オープンで建設的な関係づくりをめざす

　協働的な関係構築を活かしつつ、新しい時代に対応していくために、参加者全員がプロフェッショナルな人材へと育成、成長するためのオープンで、発展的な関係づくりができる。

3）多面観察評価の効用

　多面観察評価を実施した企業の主要な効用は、下記のとおり4点あります。

①他者からの自分に対する評価がわかる
- 「自分はどう見られているのか」を確認できる。
- 自分と他者の認識のギャップに気づくことができる。
- 「自分はこう思っていたが、他の人からは、こう思われていた」と知ることができる。

②複数の人からフィードバックをされるため納得性が高い
- 複数の人からフィードバックされるので、評価に関しての納得感が得られやすい。
- 複数の人が「そう思っているのだ」と納得することで、能力開発への内発的動機づけが高まる。

③より高い妥当性を得られる
- 複数の評価者の平均点を用いるため、安定した評点が得られやすい。
- 複数の評価者から、妥当な評価を行っていない者の評点を外すことも可能である。

④一定期間内に反復実施すれば、時系列的に個人の能力を把握することができ、能力開発の効果も測定できる

　ただし、この多面観察評価にも、注意点はあります。例えば、評価者の日頃からの主観的な思いが強く回答に影響するばかりでなく、回答そのものに相当な時間がかかったり、普段は評価をしたことがない人が回答すると、つ

い過激な評価が入り交じることもあります。一方、評価される人は、この観察結果を見て落ち込み、無視するなどの感情的な反応をしてしまうこともあるのです。このように見ていきますと、多面観察評価以外のそれぞれの測定診断ツールにも多少のデメリットはあるわけで、完全な測定ツールは存在しないのです。だからこそ、測定ツールを組み合わせて実施することで、これらのデメリットをなくしていくことが必要になってくるのです。よく見られるのは、この多面観察評価にアセスメントセンター方式を加える組み合わせです。多面観察評価結果と、アセスメントセンター方式の行動観察者であるアセッサーによる評価結果を加えていくと、現実に即した、あるがままの個人の人材像が顕著に表れてくるのです。

第2節
アセスメントセンター方式とその展開方法

1. アセスメントセンター方式の概要

(1) アセスメントセンター方式とは
　この節では、前項の多面観察評価とともに人材選抜、人材育成の人材アセスメントツールとして多用されているアセスメントセンター方式について解説していきます。

1) アセスメントセンター方式の成り立ち
　アセスメントセンター方式の成り立ちは、1930年代にドイツで将校選抜のための方法として産声を上げ、その後、英国にわたり、将校選抜用の新たな方法としてさらに開発が進んだとする説があります。その一方で、米国で開発されたという説もあります。もともと、管理職選抜用として開発されましたが、他の選抜型のメソッドに比べて測定結果の妥当性が高い点が注目されました。

2) アセスメントセンター方式の内容
　アセスメントセンター方式は、複数の方法を組み合わせて、人材要件の測定、評価を行うものです。具体的には、下図アセスメントセンター方式の内容(図表4-3参照)にあるように、個人研究やグループ討議のシミュレーションを通しての行動観察や個別面談、相互フィードバックなどで総合的に人材

要件の測定、評価を行い、特性を診断する方法です。さらに、個人の特性診断の総合評価データと組織や職場という環境要因との関係性にも触れ、組織ダイナミックス、組織能力の診断ツールとしても活用できます。

●図表4－3　アセスメントセンター方式の内容●

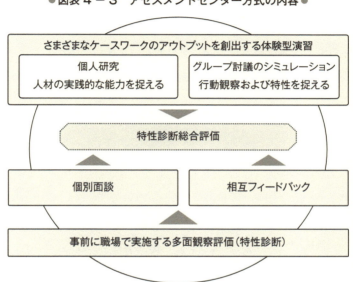

3）アセスメントセンター方式の重要な要件

　アセスメントセンター方式そのものの有効性を保持するために、評価の精度が問われます。精度とは、評価結果の誤差に変動がないことや評価結果がもつ意味についての正確さ、緻密さです。これらの精度を維持もしくは向上させるための重要な要件が2つあります。ひとつは、個人間の評価差を表す尺度の安定性、高さを問う「信頼性」です。そして、もうひとつは、尺度そのものが、アセスメントセンター方式を活用する場面や目的にかなっているか、尺度の有意味性を問う「妥当性」です。

（2）アセスメントセンター方式の対象者

　アセスメントセンター方式も、前述しましたように人材アセスメントのツールと同様に人材選抜の支援および人材育成促進の支援という2つの役割を担っています。人材選抜では、主な対象者は、管理職および管理職候補者、等級昇格の候補者です。

　一方の人材育成では、対象者の範囲は、管理職および管理職候補に止まらず、若手社員、シニア社員へ広がりを見せています。下図がアセスメントセンター方式の対象者（図表4－4参照）です。

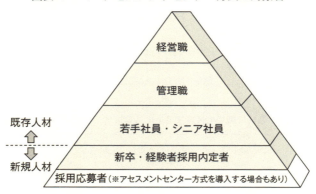

●図表4－4　アセスメントセンター方式の対象者●

　次に、人材育成の面で注目をされている対象者の若手社員、シニア社員に対してアセスメントセンター方式を活用するポイントを解説していきます。

1）若手社員

　筆者が担当したクライアントA社では、人事部長からの要請もあり、過去5年間の受検者の評価点と受検後の等級昇格との関係度合いを分析しました。すると、より若い30歳代の社員のほうが、昇格において、優位な結果が出ていました。中でも職務変更や海外勤務を経験した30歳代の優位性は

顕著でした。この結果から、育成段階の途上にある若い年齢の時期に、職務変更、海外異動も含めたキャリア転換を実現することやアセスメントセンター方式を受検して、強みと弱みの特性を自己認識し、潜在能力を早期に引き出すことは、人材育成、人材選抜の面からも大きな支援となることがわかります。これからは、若手社員の段階から継続した育成を行い、候補者をプールした中で、抜擢、選抜、任用、昇格につないでいく計画的、重点的な能力開発計画を策定することが重要となります。

2)シニア社員

2013年4月「改正高年齢者雇用安定法」が施行され、65歳まで働くことが当たり前のような時代になってきました。厚生労働省「中高年縦断調査」(平成22年)によれば、60〜64歳で仕事をしている人のうち、過半数の57%が65歳以降も仕事をしたいと希望しているようです。そうなると、シニア社員も、自らの持つ知識やスキル、能力を維持するだけではなく、それらをさらに向上させていかなければなりません。高年齢だからといって、キャリア開発に終止符を打つとか、成長の志向を封印するようなことがあってはなりません。今こそ、アクティブなシニア社員として、能力開発に努め、自らが市場や企業で雇用されうる能力、すなわちエンプロイアビリティーの向上も期待したいところです。つまり、自己成長に年齢制限や終わりはないのです。

(3) アセスメントセンター方式の基本手順

アセスメントセンター方式の基本手順について、産業能率大学が展開している人材アセスメントを一つの例として解説していきます。アセスメントセンター方式の基本プロセスは概ね、次のようなプロセスを踏んでいます。

　①対象者の決定(並行して人材特性診断を実施)
　②能力の評価項目と実施企業の評価項目との整合性の確認
　③研修のプログラム設計

④ 研修の実施
⑤ 実施窓口人事部へのフィードバック
⑥ アセッサーによる個人報告書、主査による全体報告書の作成
⑦ 全体報告会の実施（結果報告と今後の課題達成のための提案）

2. アセスメントセンター方式の特徴と評価項目

(1) アセスメントセンター方式のプログラムの特徴

アセスメントセンター方式では、能力構造としてのコンピテンシーモデルに基づく基本プログラムをベースとして、実施企業の評価項目との整合性を確認したうえで、プログラム内容を確定していきます。図表4－5はプロ人材アセスメントプログラムの構成です。主な構成としては、職場での多面観

●図表4－5　プロ人材アセスメントプログラムの構成●

さまざまなケースワークによるアウトプット評価

| ケース① プロブレム・イン | ケース② 目標設定とデザイン | ケース③ 事業プランの作成 | 自己のたな卸し 啓発課題形成 |

様々なケースから思考プロセスを明らかに
実践を通じた体感的な理解

- プロ人材として高い成果を創出するために必要な能力は何か。
- それを自分はどの程度保有しているのか。
- 今後自分の能力を高めるためにどうすればいいのか

という気づきを得る。

多面観察評価：自己評価／他者評価
数値データによる評価と自己理解
複数のアセッサーによるアドバイス
書面評価・行動観察

察評価であるプロ人材特性診断結果のフィードバックと分析、そして、ケースワークによる体験型演習の2つです。

1) さまざまなケースワークによる体験型演習の実施

プロ人材アセスメントでは、職場にある日常的な問題への対応や解決策を探索するマネジメント課題への対応をはじめ、職場の改善計画を策定する課題形成、目標設定の事例研究、そして新規事業プランの作成など、さまざまなケースワークによる体験型演習を実施します。それにより、受検者は、プロ人材に求められる能力や行動を体感して、理解することができるのです。

2) 多面観察評価結果のフィードバックの実施

結果のフィードバックでは、多面観察評価のプロ人材特性診断の自己評価、他者評価をもとに、受検者自身の強み、弱みの傾向を把握します。そして、職場における行動事実、特徴を振り返り、内省をして、『振り返り＆行動計画シート』を作成し、他の受検者からもアドバイスを受けます。

図表4-6は、プロ人材アセスメントプログラム（1泊2日版）の標準的な概要です。通常は2泊3日の合宿研修の形式で実施されますが、実施内容を絞って、1泊2日で行われることもあります。このプログラムは、個人研究、6名前後のグループワーク、20名ほどの全体セッションなどで編成されます。

さらに、プロ人材アセスメントプログラムの中で、前述しましたケースワークによる体験型演習、多面観察評価結果のフィードバック以外の特徴として、オリエンテーションと相互フィードバックについて説明をします。

・オリエンテーション

研修の目的、意義、評価項目の説明をしますが、各々のケーススタディーについての目的や、どういった評価項目を観察・評価するのかについて2時間弱ほど時間をかけてガイダンスを行っています。そこまで時間を割く意味

は、受検者のアセスメントセンター方式に対しての理解度と納得度を高めるためです。

・相互フィードバック

担当アセッサーからの助言だけでなく、受検者同士が相互に観察、評価を行い、最後に相互フィードバックを行います。受検者自身もアセスメントに参加することでフィードバックが充実して、高い納得感を得ることができます。

●図表４－６　プロ人材アセスメントプログラムの標準的な概要（１泊２日版）●

研修目的	1、あるべき人材像と比較した自分自身の現状把握を行う（強み・弱みの確認） 2、上位資格を目指しての次の成長課題を把握する 3、360度診断・研修メンバー・アセッサーからの多面評価で自分の持ち味を把握する		
	1日目		**2日目**
9:00 21:00	1、オリエンテーション 2、ケースワーク１「プロブレムイン」 　→職場で発生しがちな問題を題材にしたショートケースに取り組む 　　・個人研究 　　・グループ討議 　　・発表と解説 　→問題状況に対する認識と対応のしかたを考え、プライオリティーのつけ方や、後輩に対する育成的働きかけの方法を学ぶ 3、ケースワーク２「目標展開とデザイン」 　→職場の課題を具体的な目標展開やプロセスに落としこむケースに取り組む 　　・個人研究 　　・グループ討議		（前日の続き：ケースワーク２） 　　・発表と解説 　→課題実現のためのポイント見極めや他者への関わり方を学ぶ 4、ケースワーク３「事業創造」 　→社会的変化や新たな市場ニーズをテーマとしたケースに取り組む 　　・個人研究 　　・発表と解説 5、自己の振り返り「診断ＦＢ・課題整理」 　→診断結果のＦＢを行い、結果を読み込むまた、研修を通して考えたことをまとめ、自己の能力開発課題につなげる 　　・自己分析（個人研究） （2日目：17時30分終了）

（２）アセスメントセンター方式における評価項目

産業能率大学のプロ人材アセスメントでは、２つの側面から測定をしています。それらは、評価項目に基づいた受検者一人ひとりの能力のたな卸しと可能性の見通しです。図表４－７は、プロフェッショナル管理職の能力構造

です。これらはプロフェッショナル管理職として求められる能力であり、それぞれの要件を定義した18の評価項目を構造化した全体図です。

●図表４－７　プロフェッショナル管理職の能力構造●

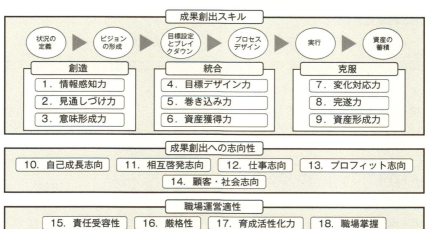

　図表４－７に示したように、プロフェッショナル管理職の能力構造を、成果創出スキル・成果創出への志向性・職場運営適性の３つのカテゴリーに分けています。それぞれのカテゴリーが期待するところを具体的に解説していきます。

1）成果創出スキル
　成果創出スキルでは、自身が身につけた成果達成能力を個々の業務において発揮して、新しく具体的な成果を創り出し、PDCAサイクルをしっかりと回していく力を期待しています。

2）成果創出への志向性
　成果創出への志向性では、創出した成果が誰に貢献していくためのものな

のかを追求し、組織の期待や顧客、社会のニーズにかなうものとなるように意識して取り組む意欲や態度を期待しています。これら成果創出スキルと成果創出への志向性は、すべてのプロ人材に共通するものとして位置づけています。

3）職場運営適性

　職場運営適性では、職場マネジメントを担う管理職が組織を円滑に運営、機能させ組織全体の成果に結び付けていくのに必要な適性を期待しています。

　これら3つのカテゴリーである成果創出スキル、成果創出への志向性、職場運営適性のもとに、それぞれ、9項目、5項目、4項目の計18個の評価項目を設定しています。

4）評価項目定義一覧の全体図

　図表4－8はプロフェッショナル管理職に求められる18個の評価項目定義一覧の全体図です。筆者たちのグループでは、この評価項目を活用して、アセスメントセンター方式プロ人材アセスメントを実施しています。

●図表4－8　評価項目定義一覧●

		評価項目	定義
成果創出スキル	創造	情報感知力	自己を取り巻くさまざまな情報（人・モノ・事象・文化・社会等）に幅広く関心を持ち、積極的な収集や探索を行い、それらの中から新しい概念やアイデアのヒントを感じ取る力
		見通しづけ力	全体の構造を理解したうえで本質を見極めるとともに、広い視野、長期的な視点を持って、将来の変化や起こりうる事態を予測できる力
		意味形成力	新しいアイデアや考え方を創造するため、既存の枠組み・方法にとらわれずに考え、あいまいなテーマや抽象的な考えに具体的なイメージを与えることができる力

成果創出スキル	統合	目標デザイン力	中期計画や短期目標を明確にし、その実現のために必要なタスクを洗い出して、作業量や困難度、重要度を適切に見積もる力
		巻き込み力	自らのビジョンやそこに至る道筋を熱く語って、それを共有し、一貫した言動で相手の気持ちを揺り動かすことで、相手の内発的動機づけを引出し、主体的参画を促すことができる力
		資源獲得力	自ら設定した目標を達成するための要所を押さえ、必要と思われるリソースを公式・非公式に獲得する力
	克服	変化対応力	突然の状況変化や、意見の対立場面においても、柔軟かつ的確に対応できる力
		完遂力	目標を達成するために困難なことにもチャレンジし、最後まで粘り強くやり遂げる力
		資産形成力	目標達成の活動の結果生み出された成果から、次につながる資産を抽出し、標準化・形式知化することによって他者に広め、組織に定着させる力
成果創出への志向性		自己成長志向	自分自身を正確に理解し、自己責任に基づいて考え、自分に必要な能力開発を積極的に行おうとする姿勢
		相互啓発志向	周囲の人々との建設的な関係づくりを通して、よりよいものを作り上げようとする姿勢
		仕事志向	組織で果たすべき役割を自覚し、それに誇りとやりがいを持って取り組もうとしている姿勢
		プロフィット志向	限られた資源から最大の収益をあげるように努力する姿勢
		顧客・社会志向	自分の仕事の貢献対象を常に意識し、それらの人々の立場で考え、仕事に取り組もうとする姿勢
職場運営適性		責任受容性	忍耐強く部下や後輩の行為を見守り、その結果に対して、責任を負える度合い
		厳格性	対立や葛藤を恐れずに、言うべき事をきちんと伝え、部下に厳しい要求が出せる度合い
		育成活性化力	長期的な視点に立って部下や後輩を支援し、活力を与えることができると同時に、慕われるような温かさを持っている度合い
		職場掌握	一人ひとりの部下の力量を正しく評価するとともに、職場全体のダイナミズムを掌握できる度合い

第3節
アセスメントセンター方式結果データから見える人材の課題

1. アセスメント受検者に見られる強みと弱みの傾向

　筆者は、アセスメントセンター方式、プロ人材アセスメントを10年以上担当していますが、筆者の印象として多くの企業で次のような傾向があるように思います。

●図表4-9　強みと弱みの評価項目●

No.	強みにあがりやすい評価項目	No.	弱みにあがりやすい評価項目
1	情報感知力	1	巻き込み力
2	完遂力	2	目標デザイン力
3	相互啓発志向	3	職場掌握

　強みにあがりやすい評価項目は、情報感知力、完遂力、相互啓発志向であり、弱みにあがりやすい評価項目は、巻き込み力、目標デザイン力、職場掌握です。人材選抜を目的としたアセスメントセンター方式では、このような強みと弱みの評価項目の抽出とその特徴を説明して終わります。一方、人材育成を目的としたアセスメントセンター方式では、強みと弱みの評価項目の抽出、特徴の把握に止まらず、強みをさらに強化する施策、弱みを克服する施策を報告書にて展開していきます。
　ひとつの例として、管理職および管理職候補に強みにあがりやすい評価項

目とその主だった特徴（図表4－10参照）、弱みにあがりやすい評価項目とその主だった特徴（図表4－11参照）をそれぞれ解説していきます。

● 図表4－10　強みにあがりやすい評価項目と主だった特徴傾向 ●

評価項目	主だった特徴傾向
①情報感知力	共通して他者の発言をしっかりと傾聴し、その主旨や意味を理解して返答することはできる。記述演習は、限られた時間ながら、与件情報を読み込み、主だった要点を押さえているなど受信力も比較的高い。
②完遂力	共通して取り組み姿勢は真摯で、直向で、真面目である。全体的に積極的な姿勢で関わり続け、与えられた課題をなんとかして達成していこうとする粘り強い行動や最後までやり抜く姿勢が見られる。
③相互啓発志向	共通して他者の意見を受け止めて、それから自分の意見を発言することができる。否定的なスタンスで臨んだり攻撃的な発言をしたりすることなく、他のメンバーと協力して課題を完成させようとする姿勢がある。

● 図表4－11　弱みにあがりやすい評価項目と主だった特徴傾向 ●

評価項目	主だった特徴傾向
①巻き込み力	思考の幅や発言行動のスケールが小さくなっている。率直な意見を発信せず、気持ちを込めた主張が少ないため、周囲を巻き込むことはできない。他者を主導していくようなリーダーシップ力は発揮できていない。
②目標デザイン力	結論と根拠を端的に書き上げる力が低下している。問題の所在を明らかにし、それを絞り込み、原因探索ができない。そのため、課題や目標の設定もできない。問題を裏返しただけの漠然としたものに終わっている。
②職場掌握	自らが掌握している範囲が狭い。自分と目前のことだけで精一杯であり、全体や周囲のメンバーを見るゆとりがなく、メンバーの総意としてまとめることや方向づけをすることができない。

代表的な強みと弱みの評価項目と主だった特徴傾向を管理職特性の全体傾向（図表4－12参照）としてまとめてみました。

●図表4－12　管理職特性の全体傾向●

区分	管理職特性の全体傾向
強み	自身の仕事や業務を遂行していくために、与件情報を中心に的確に感受する力は持ち合わせている。そして、周囲の状況を把握して、メンバーとの協力、協働関係は築けている。さらに、与えられた課題を達成するために、最後まで、気を抜くことなく、粘り強い行動をとることができる。
弱み	論理的思考力が弱いため、結論とその根拠をセットにして話をすることができず、冗長な意見が多い。問題の所在、原因究明、課題形成の一連の問題解決プロセスに対応できない。そのため、自らの思いや考えを確立できず、主張しないため、他者を動機づけて巻き込んでいくことができない。

　こうした強みと弱みの評価項目と主だった特徴傾向、管理職特性の全体傾向を把握したうえで、今後の管理職および管理職候補の自己革新のための課題を挙げると、具体的には、強みの評価項目の強化策（図表4－13参照）、弱みの評価項目の克服策（図表4－14参照）のようになります。

●図表4－13　強みの評価項目の強化策●

評価項目	強化策
①情報感知力	周囲や業界などの情報に対する感受性は比較的に高い。今後さらに情報収集の範囲を拡げてほしい。たとえば、企業や日本を取り巻く広範囲の外部情報に関心を持ち、それらを探究することである。そして、これからのグローバル化、競争激化に打ち勝つための新しいアイデアや方法に積極的にアプローチすることが必要である。
②完遂力	課題は最後まで全力投球して、それらを達成するためにやり通す姿勢は立派である。今後は、意識して新しい課題や目標に取り組み、組織に貢献する成果を求め続けるチャレンジ精神を高めてほしい。何事においても、安易な方法よりも困難な方法を選択して、それらをやり遂げる気概と行動力が必要である。
③相互啓発志向	他者の意見に耳を傾ける姿勢は顕著に見られる。今後は、もっと他者に対してオープンになって、積極的に話しかける、問いかけることをしてほしい。たとえば、意見の衝突があったら、意見を異にする人と意識的に議論を重ね、自身をさらけ出して、より良い解を出していく建設的な啓発関係をつくることが必要である。

●図表4－14　弱みの評価項目の克服策●

評価項目	克服策
①巻き込み力	対人影響力や動機づけ力を問う評価項目である。これらのリーダーシップ力は自らが獲得する能力であり、リーダーになるという強い意志とともに、ぶれない判断基準、基軸を持つことを心がけてほしい。自分の強い思いやみなぎる情熱をもって、一貫した言動で、周囲のメンバーを巻き込んでいくことを期待する。
②目標デザイン力	目標を設定する力、それを分業して協働する力を問う評価項目である。上位の管理職が企画立案をしたことを実行しているだけとしたら、早急に改めなければならない。業務計画や仕事設計の場面において、環境の変化を察知して、常に2～3年先のことを考えて、自分から進んで高い課題、目標を立て、他者と協力して達成していくことを期待する。
③職場掌握	メンバーの適性を見抜く力、職場内のコミュニケーションに配慮する力を問う評価項目である。組織、職場を運営する立場にある管理職として、部下一人ひとりの強みや弱みをしっかりと把握して、強みをさらに活かして、組織全体を活性させるような全体最適のマネジメント行動をとることを期待する。

2. アセスメントデータを活用した人事施策への展開事例

　アセスメントデータを分析、検証して、人事施策として展開し活かしている企業として、B社、C社、D社の事例を紹介します。3社ともに、経年のアセスメントデータである評価項目別平均得点の結果データを、年齢層や昇格時期や海外勤務などの人事データと照らし合わせて、アセスメントデータと人事データ2つのデータの相関を分析した事例です。

〔事例1〕B社の人事施策「若手社員の早期育成と推薦基準の若年化」
　1番目は、B社における結果データの分析、検証事例です。B社の人事担

当常務をはじめ、経営層は人材アセスメントに対する関心が高く、人事部としても、アセスメント結果得点を等級昇格要件の絶対基準として活用されています。昇格状況についての調査の一環として、経年の受検者の評価結果データをもとにして、受検年齢と評価項目別平均得点との相関（図表4－15参照）を分析しました。この分析から、受検対象の中で最も若年層の39歳以下の若手社員の平均得点が総じて高いことがわかりました。この分析レポートをご覧いただいた常務の意見、感想は次のようなものでした。

- 管理職任用相当の等級昇格の時期を早くするために、中堅層から重点的、計画的に育成をしていきたい。
- 早い時期から自分の特徴を自覚し、仕事を通じて自律的な能力開発・キャリア開発につなげられる仕組みが必要だ。

★その後の課題対応

　B社を取り巻く環境も刻々と変化していますが、厳しい競争状況になっています。管理職の役割がますます重要視され、早期のマネジメントに関する能力開発が必要となってきています。その後、人事担当常務、人事部長が中心となって、次世代の経営人材を早期に発掘して、重点的、計画的に育成する方向性が打ち出されました。産業能率大学が提言した分析結果、課題レポートによって、等級昇格対象メンバーの推薦基準の若年化や連続して高い評価を獲得した人材の等級昇格必要年数の短縮化を人事施策として実行、展開しています。

● 図表 4 − 15　受検年齢と評価項目別平均得点との相関 ●

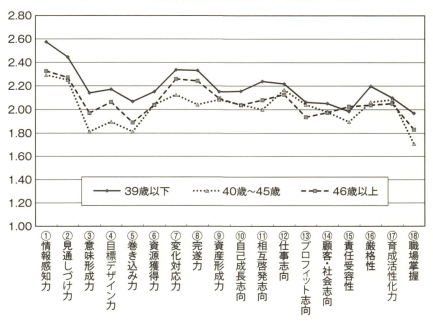

〔事例 2〕C 社の人事施策「昇格時期に影響を与える能力要素の抽出」

　次は、C 社の結果データの分析、検証事例です。アセスメント受検後の昇格時期と評価項目別平均得点との相関（図表 4 − 16 参照）を分析しました。具体的には、受検の当年または翌年の早期昇格者と 5 年後の昇格者に分けて、それぞれの評価項目別平均得点を比較、検証しました。早期昇格者が高得点で、他の昇格者と得点差の大きい評価項目は、情報感知力、見通しづけ力、目標デザイン力、完遂力、相互啓発志向でした。これらのうち、情報感知力、見通しづけ力、目標デザイン力は、どれも前述しました成果創出スキルのカテゴリーに属する評価項目です。すなわち、当年、1 年後といった早い時期に昇格を果たしている受検者は、固定概念にとらわれず、新しい概念を考える力、企てる力に秀でているということが判明したのです。特に、5 年後の昇

格者の意味形成力、目標デザイン力、巻き込み力の得点と早期の昇格者のそれらとは相応の差がついています。

つまり、思う力、考える力、書く力、そして巻き込む力を身につけることが喫緊の重要課題であるということです。

★その後の課題対応

人事担当取締役、人事部長が主導して、管理職任用相当等級の直近下位等級社員の中からメンバーを選抜して、アセスメントプレ研修、アセスメント研修、アセスメントフォロー研修を一連の体系とする人事施策を展開しました。この研修体系の中心となるテーマは、C社の組織全体の弱みである本質を洞察する力、課題形成・目標設定に磨きをかける目標デザイン力、言い換えると見通す力、考える力の醸成です。

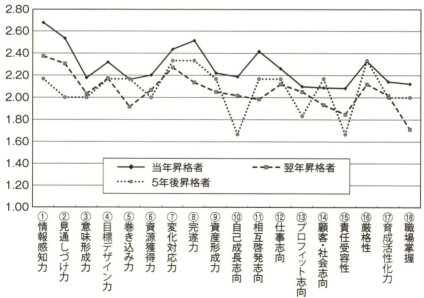

●図表4-16　昇格時期と評価項目別平均得点の相関●

〔事例3〕D社の人事施策「海外勤務によって得られるリーダーシップ力」
　最後はD社の結果データの分析、検証事例です。受検者の海外勤務経験の有無と評価項目別平均得点の相関（図表4−17参照）を分析してみました。この分析の背景は、アセスメント結果のトップ報告会の席上で、人事担当専務の重ねての発言内容にあります。それは、「若い時期にこそ海外拠点に赴任して、計り知れないほどの経験を積んでほしい」という期待の言葉に込められています。その実際はどうなのか、相関の分析をしてみました。海外勤務経験のある受検者の評価項目別平均得点が海外勤務経験のない受検者よりも、18評価項目中13評価項目が上回っていました。前述しました管理職の弱みの評価項目で一番目に挙がったリーダーシップ力を表す巻き込み力をはじめ、変化対応力、完遂力、厳格性において、有意性のある大きな得点差を示していました。

★その後の課題対応
　この分析結果の報告を機に、人事部が主導して、各事業部と擦り合わせを行い、海外拠点赴任者の帰国後のネクストキャリア、配置モデルを計画されました。そのうえで、高い評価得点者で、強い意志のもとに自己申告をしている人材を優先的に海外拠点に赴任をさせて、早期からキャリアを積ませる異動配置の人事施策を展開されています。

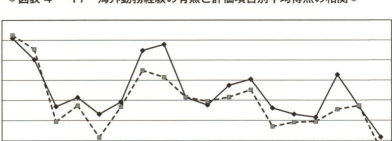

●図表4-17　海外勤務経験の有無と評価項目別平均得点の相関●

3. 導入企業の人事部、受検者、上司から寄せられた声

　E社はアセスメントセンター方式を導入して5年目になりますが、中期経営計画において人材戦略を重要な柱のひとつとされています。この計画には、「当社が成長し続けていくためには、自ら何をすべきかを考え、それを成し遂げる"自律型人材"の育成が最重要テーマである」と書かれています。社員が将来の自社およびグループ会社の中枢を担っていくことを期待し、昇格およびキャリア転換などの節目で研修の機会や場が設定されました。これらの機会や場の中で、アセスメントセンター方式は、役職任用、等級昇格という節目の重要な研修機会と位置づけられています。導入時からアセスメント研修の当時の責任者である人事部長の評価は、産業能率大学のアセスメントセンター方式それぞれの方法が構造化、システム化されていること、客観的

なアプローチであることから高い評価をいただいています。人事部長との定例ミーティングを行った際の、新たな期待と要望は次のとおりです。

1）人事部からの新たな期待、要望
- グローバル化による全世界共通の人材評価基準づくり
- 人間力、倫理観を問う基準の必要性、評価基準の事前公開、十分な説明、評価結果のフィードバック、カウンセリングによる自己理解と受容

　上記の新たな要望や期待の現れは、研修自体の目的が選抜の意思決定であれ、個人の成長促進であれ、E社が受検者の立場に立ち、受検者自身がこのプログラムを支持することが欠かせないと強く思われているからだと考えています。
　次に、主体の受検者の声、そして、受検者の上司から寄せられた声をあげてみます。

2）受検者が自身の強み、弱みを認識する
　受検者にとっては久々の研修であると同時に、初めて臨むアセスメントであり、緊張はあったものの、新鮮な気づきを得ることが多かったようです。受検者は一様に、アセスメント研修を昇格選抜のステップの一環であることは認識していますが、その過程で、日常の職場や業務では気づきにくい強みや弱みを認識できたことに対する満足感は高かったようです。
　そして、アセスメントセンター方式の観察担当者であるアセッサーが、個別面談でコーチング力、カウンセリングマインドを発揮して傾聴、発問したことで研修に対する納得感が高まったようです。受検者の中には、「これまでの研修の中では、忘れられない、ベストワンの研修だった」との発言が複数あったようです。受検者からのこんな一言が筆者たちアセッサーを勇気づけてくれるのです。

5年前に導入されたアセスメントセンター方式ですが、早くも職場単位で導入実施の効果が現れているようです。業種の特性から技術者も多く、日常の職場や業務において、フィードバックを受ける機会がほとんどつくれていませんでした。それだけに、多面観察評価、相互評価フィードバックを新鮮に感じたのです。アセスメント研修を終えて職場に戻った受検者から、「自己が自分を観る視点と他者が自分を見る視点が随分違う」「アセスメントでのグループメンバーからの厳しいアドバイスになぜか感動した」などの声が上がりました。

3) 上司の側にも新たな気づきがあった

　アセスメント結果報告書にある個人別報告書は受検者の上司にもフィードバックされます。この報告書は、日常的な職務活動に対する指導やキャリア開発面談などに活用できるように仕立てられています。上司からは、この報告書を見て、「部下のことはわかっているつもりだったが、こんなに自らの態度変容、行動変革を考えていることには気づかなかった」と反省の声も聞かれました。日常、職場で人事評価をしている上司の側にも新たな気づきがあったようです。上司が日常の職務だけではなく、人材アセスメントの結果報告という情報の力を借りて、資質や能力を客観的に把握できるのです。こうして上司は、人材アセスメントの力を借りて、「部下のこの能力をさらに伸ばすべきだ」「では、どうすれば能力を伸ばせるのか」と育成の視点を持って、具体的な育成計画を立てることができるのです。

参考：アセスメントセンター方式導入にあたって企業から寄せられた声

　アセスメントの導入を検討している企業、あるいは既に導入している企業において、さまざまな質問を受けることがあります。ここではアセスメントについて寄せられる声をQ&A形式でまとめてみました。

第4章 人材選抜・育成に向けた人材アセスメントの活用

1）アセスメントプログラムで重要視する点は何か
[質問]
　アセスメントを実施している団体は、アセスメント専門にサービス展開している企業からコンサルティング企業までさまざまあり、いろいろなアセスメントメニューがありますが、何が重要なポイントなのかが不明です。

[回答]
　アセスメントのケースワークに取り組ませるだけではなく、必ず受検者が自分のできばえについて振り返りの時間を持たせることが重要です。例えば、個人研究場面では広く問題を押さえることはできたが、討議場面では自らリーダーシップを発揮して議論をリードできなかった等。
　アセスメントを自己革新の機会にしてもらうためには、個別ケースごとの振り返りやアセスメント研修全体を通して総合的に自身を振り返ることが欠かせません。また、ケースごとにアセッサー役の講師から、個別ケースの考え方について解説を行うことも自分のできばえを振り返る材料になりますので、ひたすらケースに取り組んで終わりという場合よりも効果的です。

2）社内人事評価とアセスメント結果のギャップをどう解釈するか
[質問]
　アセスメントで出た結果と社内における個人別評価結果の間にギャップがあります。人事評価が高いのに、アセスメント結果が芳しくないとか、逆のケースもあります。人材選抜のためにアセスメントを使うとしても、どのようにアセスメント結果を理解すればよいのでしょうか。

[回答]
　時折、アセスメントを実施している企業から「彼は、いつも非常に高い業績を上げているのに、なぜアセスメントでは評価が低いのか」との質問を受

けることがあります。

　これは以下の2つの視点で考えてみましょう。

　第一に、アセスメントは今期どのような業績を上げたのかという視点で見ていこうとするものではなく、今後、企業の屋台骨を背負っていくだけの力量を持っているかどうか見ていこうとしています。例えば高い業績は上げていても、部下や後輩への関心が薄く、人を育てようとする気持ちが弱いのであれば管理職は務まりません。短期視点ではなく、中長期の視点で人材の可能性を見極めようとしている点が特徴です。人事評価も含めて、さまざまな視点からの評価を人材選抜や人材育成に活用していただければと思います。

　第二に、アセスメント結果は受検者のもう一つの姿であるという点です。日常の業務では、目標達成意識も高いし、部下の育成も適切に行っていたとしても、普段の職場では見えない部分もありえるのです。アセスメント研修のような緊張感のある、自分としては不慣れな場面であっても普段どおりの力を十分に発揮できるのかという点も、受検者の力量を見ていくうえで重要です。

3）アセスメントを受検させたが、いつまで経っても本人の行動革新が見られない

[質問]

　部下にアセスメントを受検させたときは、きっとよい経験になったはずだと思ったのですが、その後の行動革新が見られません。結局何も変わっていないなと思うのです。

[回答]

　アセスメントは通常1〜3日の中で実施しますが、部下を受検させただけでは自己革新にはつながりません。大切なのは部下の成長課題を共有し、今後何に取り組むのかを明確にさせることです。そして、自己革新に向けた上

第4章　人材選抜・育成に向けた人材アセスメントの活用

司のアドバイスが不可欠です。部下自身が考えた自己革新に向けた課題が本当に的を射ているのか、実現に向けた施策は具体的であるかを上司がチェックする必要があります。

　アセスメントの終了日が、実は行動革新の開始日なのです。

第4節
人材育成、成長を支援する プレ・フォロー研修の展開事例

1. 報告会がアセスメントフォロー研修設計のきっかけとなる

　アセスメント報告会は、アセスメントセンター方式の研修を終えて、おおよそ1ヵ月後に実施されています。そこで、クライアントに配布する全体報告書の主な構成内容（図表4－18参照）は、①全体傾向、②総評、③結果一覧表、④人材マップです。

●図表4－18　全体報告書の主な構成内容●

①受検者全体傾向	②総評
大尺度ごとの得点を棒グラフで、小尺度ごとの得点を折線グラフでまとめています。	受検者全体の強み、弱み、総評について記載しています。総評についてはアセッサーが企業ごとに執筆します。
③結果一覧表	④人材マップ
受検者ごとの各尺度の評価、合計点、順位について記載しています。	知的活動に関する尺度群と実践・行動に関する尺度群のマトリクスを用いて、受検者をマッピングしています。

　アセスメント結果報告書では、アセスメントセンター方式の意義をはじめに伝えています。意義の主たる内容は、以下の3点に集約できます。
　①管理職としての適・不適を判断する材料としてだけでなく、受検者一人ひとりの適性を把握し、配置や育成の材料として活用することです。

受検者が自分自身の強み・弱みを客観的に把握することで、今後の能力開発に活用することができます。
②個人の能力についてのコメントをもとに、上司と本人とで話し合いの場を持ち、将来のキャリアや自己開発目標を設定することができるのです。受検者を観察したアセッサー本人が、受検者一人ひとりに合わせた改善ポイント・アドバイスを記述します。
③受検者個人の評価データを全体の傾向としてまとめ、企業全体のマネジメントの特徴や人材育成の風土的背景を探ることです。

　次は個人別報告書です。この個人別報告書の主な構成内容は、強みと弱み、総評で構成されています。総評には、グループ討議の良い点、改める点、個人研究の書き物の良い点、改める点、そして今後の課題と期待が記述されています。報告会では、主査アセッサーが全体報告をして、そこで企業側からの質問に答えます。
　あるアセスメント報告会で、役員の一人から出された発言は今でも私の心に響き続けています。それは、「毎年、しっかりと観察されているが、組織全体の強みと弱みの結果が変わらない」、「経年で同一傾向だが、管理職層に成長が見られないのはなぜなのか」というような言葉でした。この発言に対して、筆者が経営者、役員に投げかけたコメントは以下のとおりです。
①アセスメントに終わりはなく、結果報告のフィードバックが自己成長の起点となる。
②アセスメント研修の前後をサポート、フォローするバックアップ体制が必要である。
③次世代の経営リーダーを養成し、職場構想力、課題形成力を高めるためのワークショップが必要である。

　いずれにせよ、このような企業の経営層の発言自体が、筆者を含めたアセ

スメントセンター方式を担当するアセッサーに、厳しい内省と新たな創造の力を宿す機会を与えくれることになりました。そして、これが契機となり、多様なアセスメント研修を展開することにつながっていきました。

2. アセスメント研修をサポートする基本フレームと研修一覧

下図がアセスメント研修サポートの基本フレームです（図表4－19参照）。この基本フレームでは、受検者を対象に、アセスメント研修を中心に位置づけて、前段階の人材特性診断フィードバック研修、アセスメントプレ研修、後段階のアセスメントフォロー研修、課題形成ワークショップへと展開しています。さらに、受検者の上司を対象としたプレ研修、フォロー研修もあります。プレ研修は、部下が受検するアセスメントセンター方式に関する基本知識、とりわけ評価項目を中心にオリエンテーションをします。そして、フォロー研修は、受検した部下の個人別報告書の強みや弱みに対するコーチング上のポイントや留意点について解説し、受検者の自己革新へのアドバイスを行うものです。ここでは、受検者対象のプレ研修、フォロー研修、ワークショップについて、それぞれ解説をしていきます。

●図表4－19　アセスメント研修サポートの基本フレーム●

対象者	プレ研修	本研修	フォロー研修
受検者自身	人材特性診断フィードバック研修 アセスメントプレ研修	アセスメント研修	アセスメントフォロー研修 課題形成ワークショップ
受検者の上司	上司向けプレ研修（オリエンテーション）	上司向けフィードバック研修（報告書からの指導方法）	上司向けフォロー研修（コーチング）

第4章 人材選抜・育成に向けた人材アセスメントの活用

3. アセスメントプレ研修からフォロー研修、ワークショップまでの展開図

　この項では、アセスメントプレ研修、アセスメント研修、アセスメントフォロー研修、課題形成ワークショップの一貫した人材アセスメントの展開図（図表4－20参照）を紹介します。いずれの研修も、アセスメントセンター方式の精度をより向上させるためにつくったものです。

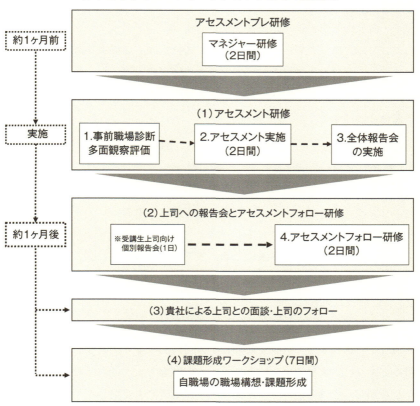

●図表4－20　人材アセスメント●
（プレからフォロー、ワークショップまでの展開図）

4. 研修、ワークショップのプログラム内容の事例

ここからは、アセスメントプレ研修、アセスメントフォロー研修、課題形成ワークショップの各プログラムについて、そのねらい、プログラム内容、実施のエピソードについて、事例で解説していきます。

（1）アセスメントプレ研修

このアセスメントプレ研修は、次期の等級昇格候補者を対象として、アセスメント研修の事前に実施をしています。この研修では、実践に向けてリーダーシップ、マネジメントの基本とあり方、問題解決の考え方および方法、部下・後輩の指導の基本、方法を学習します。

ここでは、F社の事例を紹介します。F社では、以前より選抜のためにアセスメント研修およびアセスメントフォロー研修を導入し、昇格の数年前に前倒しでアセスメントプレ研修を実施しています。F社での研修のねらいは下記の3点です。

1）研修のねらい
　①次期等級昇格候補者としての役割認識
　②リーダーシップ・マネジメントの基本知識の素養
　③職場構想、経営戦略の基本と方法、ツールの学習
　④チームマネジメント実践のための部下指導の基本

2）プログラム内容

図表4－21はアセスメントプレ研修プログラムの概要です。この研修は、受講者が現状の実力レベルを認識し、昇格に向けて意図的な能力開発に取り組めるように、人材育成に比重を置いた内容を考え、仕上げたものです。しかしながら、受講者がこのアセスメントプレ研修を受講しただけでは、継続

第4章 人材選抜・育成に向けた人材アセスメントの活用

的な能力開発を主体的に行い、達成することは難しいのです。そのために、アセスメントプレ研修を後述するアセスメントフォロー研修と直結させて、上司の指導方法に対する支援も含めて、職場での実践を通じた着実な能力開発を図っていきます。

● 図表4-21 アセスメントプレ研修プログラム ●

※事前課題図書「明日を支配するもの」の精読

	1日目	2日目
9:30	1．オリエンテーション ・研修の進め方とねらい 2．期待される役割 ・役割認識 ・将来を見通す ・課題を創造する ・リーダーシップを発揮する ・チームをマネジメントする 3．リーダーシップとは	5．1日目の振り返り 6．職場構想策定 ・課題形成の全体像と手順 ・環境分析と課題形成の視点 【課題形成演習】 ※実際に自職場の課題を形成していく ・状況把握 ・状況定義（上位方針の理解・環境変化） ・ありたい姿の策定（自職場のビジョンを描く）
12:00 13:00	・事前課題「明日を支配するもの」精読 　・自分の考えのグループ内共有（ディスカッション形式） 　・なぜリーダーシップが必要なのか？等 ・リーダーシップ理論 　・PM理論等 ・主体性に基づくリーダーシップ 　・創造性、共感性 ・今後リーダーシップを発揮するには 4．マネジメントとは ・マネジメントの基本フロー	・課題の抽出（課題抽出のステップ・課題の種類） ・課題の分類・整理（短期と中期・変革と改善に分類） ・課題の優先順位付け（重要度と緊急度・関心・興味） ・課題の明確化（課題の達成基準の明確化） 7．部下指導の基本と方法 ・部下指導と動機づけ ・コーチングの基本と3つのスキル ・目標のブレークダウンロールプレイング演習 ・傾聴、発問のロールプレイング演習
17:30	・マネジメントの動態管理　PDCAサイクル	

3）エピソード

F社では、これまで実施してきたアセスメント研修、フォロー研修に直結させる形で、アセスメントプレ研修を「リーダーシップ・マネジメント研修」と題して展開しています。受講対象者は、30歳代前半の若手社員からの選抜としています。今回のF社の導入背景には、人事部で、早い時期から、どの職場でも、職務適応することのできる人材育成を行いたいとの思いがあ

223

るのです。プログラムも時間をかけて詰めていきました。

　研修受講後のアンケートや人事部からの講評は、「リーダーシップとマネジメントの基本が身についた」「リーダーシップ、マネジメント、課題形成で学習したキーワードを使って、共通言語で情報の交信ができるようになってきた」というものでした。

（2）アセスメントフォロー研修

　この研修では、受検者が認識した自己の強み、弱みの持ち味と自身のキャリアビジョンをつないでキャリアデザインを支援することと、組織と個人に共通して不足している能力を開発することを主眼としています。

1）研修のねらい
　①論理性や分析力を活用したマネジメント力の学習
　②ビジョンを構想し、周囲のメンバーを動機づけるリーダーシップ力の学習
　③成果を創出し続けることのできるプロフェッショナル人材の探究
　④自身のキャリアマネジメントの診断、自らのキャリアマネジメントの考察

2）プログラム内容

　アセスメントフォロー研修プログラム（図表4 - 22参照）の概要ですが、大きくは3つの内容で構成されています。マネジメントとリーダーシップの変革をベースにしてキャリアデザインづくり、アセスメント研修結果のフィードバックをします。さらにアセスメント研修で組織能力としての弱みとなっている評価項目の対応策としての実践ケースを中心としたワークスタディーに取り組みます。

　具体的には、以下のとおりです。

①キャリアデザイン

自らのキャリアマネジメントを簡易診断ツールで分析し、これからのキャリアビジョンをデザインするための基礎資料とします。そして、自身のキャリアマップを作成し、これからのキャリア形成の方法を学習します。

②アセスメント研修結果のフィードバック

アセスメント結果報告書で強みと弱みを再度分析、検証します。そして、確実に自己革新していくためのアクションを考え、今後の行動計画を具体的に設定します。それから、グループ内で相互に発表し、革新課題への対応策についてメンバーからもアドバイスを受けます。人材アセスメントは一つの契機であり、自己革新はここから始まるのだという意識を持たせます。

③組織能力の弱みの強化（目標デザイン力を弱みとした場合）

アセスメント結果を受けて、組織全体としての不足している能力を明らかにし、その能力を開発するための方法を学びます。例えば、目標デザイン力の強化であれば、具体的な課題、目標に筋道を立てて落とし込むプロセスと方法を学習します。これらの着眼点を情報提供したうえで、自職場の課題について「課題形成マップ」に落とし込み、グループ内で課題の具体性、筋道立てについてアドバイスを受けることで自らの思考力を磨いていきます。

● 図表 4 - 22　アセスメントフォロー研修プログラム ●

・マネジメント行動の振り返りとキャリアデザイン
・目標デザイン力
※リアルケースで作成した職場構想内容の発表、コメントに重点を置いて展開します。
・揺動力の強化

（1日目）
1．視座を立てる
　研修の進め方とねらい、マネジメントとリーダーシップの変革
◆私を何者かを知る：私のもちまえ（強み弱み）を知感する
2．キャリアデザイン
　自らのキャリアを分析し、これからのキャリアビジョンをデザインする
3．アセスメント研修・結果のフィードバック
　行動計画の具体化
4．自己変革のための段取り計画のフィードフォワードとしての語り場（ワールドカフェ）
　（※上記の自己の行動分析結果をもとに、さらに、自分の特徴や課題をより正しくつかみ、これからの自己啓発行動をより具体化するために、もちあいとしての相互討議を行う）

（2日目）
◆未来のでっかい絵を描く：夢の持てるでっかい絵を描き人（と組織）を揺り動かし、巻き込む
5．ビジョン構想力・課題形成力・目標設定力を高め、巻き込み力でマネジメント現場に語り場を創る
6．振り返り（課題形成の全体像、環境分析と課題形成の視点、状況定義・ビジョン構想）
・課題形成の実際
・課題の形成と具体化としての目標設定
・成果発表とメンバー相互のアドバイスコメントによる研ぎ澄まし

3）エピソード

　G社では、このアセスメントフォロー研修を通して、受講者それぞれに

フィードバックされた強みと弱みのレポートを起点に、自らのキャリアビジョンとつないで、早い時期から、キャリア開発、キャリア形成に対する基軸を確立させていくことにしたのです。

受講者の記述したアンケートに「キャリアは与えられるものではなく、自分で切り拓くものである」という決意の文字が並んでいるたびに、筆者たちは所期の目的が達成できたと強く思えるのです。

（3）課題形成ワークショップ

このワークショップでは、半年間、7会合を重ねて、次世代経営リーダーを育成することを基本としています。そして、育成する経営リーダー像を下記のように位置づけています。

- トップと現場、本社と事業所をつなぐ結合能力を持った次世代経営リーダー
- 自部門が進むべき方向を中期的に見据え、資源を変化の方向に導けるリーダー
- 創造と変革の大きな構想を掲げて、組織や個人にその成果をもたらすリーダー

ワークショップではこれらの経営リーダーを重点的・計画的に育成することを主眼にした研修の場であることを想定しています。

1）ワークショップのねらい
　①マネジメント・リーダーシップの基本理論と実践方法の学習
　②ロジカルシンキングの考え方と実践版ロジックツリーの作成
　③経営戦略、マーケティングのフレームワークの学習と応用
　④ビジョン構想、課題形成、目標設定プロセスの学習と実践

2）プログラム内容

　成果を創出するための基本的スキルとしての目標デザイン力の脆弱さは、アセスメント研修を実施した多くの企業や組織で露見されています。この能力を克服、開発することを重点課題とするため受講対象者を少数に絞っています。ワークショップを運営するにあたって、課題形成ワークショップのねらいに相応するゴール（到達目標）（図表4－23参照）を設定し、課題形成ワークショッププログラム（図表4－24参照）を設計しています。

●図表4－23　課題形成ワークショップのねらいに相応するゴール（到達目標）●

区分	課題形成ワークショップのねらいに相応するゴール（到達目標）
	課題形成ワークショップのねらい
1	次世代経営リーダーとして、マネジメントの基本およびリーダーシップ論を習得している
	マネジメント・リーダーシップの基本理論と実践方法の学習
2	論理的に考え抜くことの重要性を理解し、その考え方や勘どころをつかんで、メンバーに諸々の事項をわかりやすく説明できる
	ロジカルシンキングと実践版ロジックツリーの作成
3	経営戦略、マーケティングに関する理論（定石）を理解し、思考の枠組みとして活用でき、行動に変換できるようになっている
	経営戦略、マーケティングのフレームワークの学習と応用
4	取り巻く環境の変化を捉えて、ありたい姿であるビジョンを構想し、その達成に向けた重点課題、目標を形成して、トップ層に提言できる
	ビジョン構想、課題形成、目標設定プロセスの学習と実践

第4章 人材選抜・育成に向けた人材アセスメントの活用

● 図表4-24 課題形成ワークショッププログラム ●

3）エピソード

　H社では、課題形成ワークショップの提案が契機となって、次世代の経営人材の育成を目的とした企業内大学としての機能も組み込んだ課題形成ワークショップを展開しています。

　H社の課題形成ワークショップの本質は、次世代に向けて、役員、執行役員といった経営に携わる中枢的な人材を育て、企業を発展させていくことにあります。このワークショップの設計では、専門技術や仕組みの伝承というシステム面よりも、社長の強い期待と要望で、経営者マインドの面を重視したプログラムを組みました。

　このワークショップの最終成果の測定は、ワークショップを修了した受講者が期待どおりにその専門知識、能力をフルに活かして現場で活躍できているという有効性にかかっています。ワークショップの最終会合で経営者、役員にプレゼンテーションした課題形成マップをもとに、メンバーそれぞれが、所管する部門で業務改革、事業創造に活かしている姿を目にします。また、課題形成ワークショップが終わった半年後の人事異動では、多くのメンバーが執行役員、海外拠点の最高責任者として配置され、より一層の活躍の場を与えられています。

　この企業内大学の機能を持たせた課題形成ワークショップを運営して気づいたことは、H社の経営者が中長期な視点でこれらのプログラムを位置づけているということです。皆さんが所属する企業の経営者をはじめ、役員の方々には、後継者養成という重要課題に対して、中長期的な視点で、学習し続ける人材づくりの先頭に立つ主導者であってほしいものです。

第5節
自己革新に向けた行動計画の実践

1. 行動計画の実践とフォロー

　アセスメントの目的が人材の選抜と育成のいずれであっても、すべての受検者がこれを機に自らの自己革新に取り組んでもらいたいと願う会社も多いはずです。しかし、単にアセスメントを実施するだけで終わってしまい、自己革新に向けたフォローは現場任せという事例もよく見受けられます。アセスメントが終了した段階で、本人がどのような気づきを得て、これから何を実践していくのかを行動計画として作成することが自己革新のスタートになります。

　それではアセスメントの受検者が、どのような点を自分の弱みとして挙げているのでしょうか。よく見受けられる内容は以下のとおりです。

- 自分の考えを周囲に積極的に伝えることができていない。結果として上司や部下を巻き込むことができていない。
- 目の前に迫っている課題や数字をいかに実現するかに一生懸命で余裕をなくしている。結果として将来的に何をなすべきなのか、あるいは広く外部環境の変化を意識した行動がとれていない。
- 情報を細かく収集することはできるが、そこから何が結論として引き出せるのかを自分なりに整理して意見発信できない。
- メンバーに仕事を任せることが、なかなかできない。自分がやったほうが早く、正確であり、メンバーが失敗しないかと心配で、ついつい自分

でやってしまう。

　これらは、アセスメント受検者の弱みの一例ですが、何も対処しなければ自己革新につながりません。以下に、アセスメント受検者の自己革新の「鍵」となる行動計画の作成について触れていきます。
　アセスメント実施後の個人別報告書は、一般的に対象者の強みと弱み、今後の課題について外部アセッサーが取りまとめます。これを本人が読むだけでなく、具体的な行動計画を作成し、これを着実に実践することが非常に重要です。
　具体的には、以下のステップをとります。
①アセスメント結果をふまえて、自己の強みを伸ばし、弱みに対処するための行動計画を作成
②上司への行動計画の提出、および上司による内容のチェックと指導

> チェックポイント
> ・本人の課題を見据えた行動計画になっているか
> ・行動計画の内容は抽象的な言葉で終わらずに、具体的にまとめられているか

③半年間（あるいは1年間）にわたる行動計画の実践と上司による機会提供とフォロー
④定期的に行動計画の進捗状況を本人が振り返り、上司からのアドバイスとフォロー
⑤半年後もしくは1年後に行動計画の実践結果について上司コメントを付して人事部に提出

　行動計画は、アセスメント終了後に自己革新テーマ、半年後もしくは1年

後の到達イメージ、具体的な取り組み方法を整理して記述し、本人と上司が一体となって進捗管理を行います。

- **自己革新テーマ**

  本人宛のアセスメント報告書をふまえて、自分自身の強みを伸ばし、弱みを克服するうえで特に重要になると思われるテーマを考えます。

- **1年後の到達イメージ**

  1年かけて、自己革新テーマについて、どのようなレベルに到達するのかを明確にします。例えば、「製品改良の担当責任者として営業、顧客との折衝を全面的に任せられるようになる」、「自分の意見だけにとらわれることなく、部下の意見をよく聞き、客観的に判断できるようになる」といった具体的なイメージを記述します。

- **具体的な取り組み方法**

  取り上げたテーマについて、今まではどうしてきたのか、何が障害となっていたのか。それをふまえて、今後、どのようにしていくのかを具体化します。

2. 行動計画作成のポイント

自己革新を実現するために重要なポイントは、行動計画の具体性です。何をするのかが漠然とした記述の場合は、まだまだ本人も整理ができていないのです。このような行動計画を上司は見過ごしてはなりません。

以下に抽象的な行動計画について事例を見ていきます。

※「1年後の到達イメージ」が抽象的な行動計画
　①部下とのコミュニケーション向上
　②対人関係能力、折衝力を高める

　上記①と②の事例は、1年後にどうなりたいのかが抽象的です。コミュニケーションの向上だけでは実際に何をどこまでやり遂げるのかが不明確で、具体的な行動計画とはいえません。そこで、漠然とした到達イメージと具体的な到達イメージ（図表4－25参照）を比べてみましょう。

●図表4－25　漠然とした到達イメージと具体的な到達イメージ●

漠然とした到達イメージ	部下とのコミュニケーションの向上

具体的な到達イメージ	自職場において優先順位の高い課題が何であるのかが職場メンバーの間で共有化されている。

※行動計画シートの「具体的な取り組み方法」が抽象的な事例
　①自分の考えを伝えることができていないので、これからは積極的に発信するように努める
　②広い視野で問題を捉えていないので、これからは物事を多面的に捉えるようにする

　上記①と②の事例は、本人の弱みと対策が表裏の表現になっている場合です。「～ができていないから、これからはできるようにする」という記述内

第4章 人材選抜・育成に向けた人材アセスメントの活用

容では、なぜ今できていないのか、その原因は何なのかを掘り下げて分析できていません。しっかりと原因を掘り下げたうえで、具体的にどのような施策を行うのかを筋道立てて考えることで行動計画が完成するのです。

行動計画の作成までの流れ(図表4−26、4−27参照)は以下のとおりです。

●図表4−26 行動計画作成までの流れ●

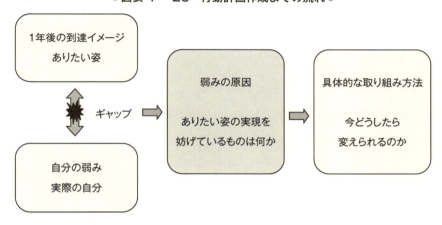

具体例をあげると、以下の流れが参考になります。

●図表4−27 行動計画作成までの流れ(具体例)●

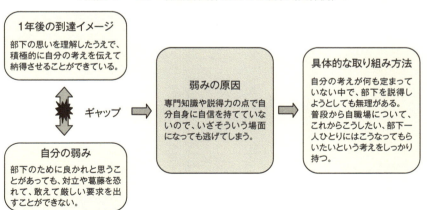

235

自己革新に向けた行動計画を的確、かつ具体的な内容に仕上げるためのチェックポイントは以下の3つです。
　①自己革新のための課題ではなく、単に業務上の課題を書いていないか。（本人の成長に向けた課題を書く）
　②単なる意気込みレベルであり、具体的に何をやるのかがわからない内容になっていないか。（表面的で漠然とした記述で具体性なし）
　③自分の弱みの根本原因を押さえたうえで、それに対する対処を考えているか。（なぜそれが弱いのか、原因は何か、それをどうするのか）

　本人が具体的に掘り下げて記述することを意識するだけでなく、上司も行動計画の内容に関心を持って、アドバイスする姿勢が求められます。上司の積極的な関与が本人の自己革新を促します。
　以下では、本人の記述と上司のアドバイスがいずれも抽象的な場合と、本人と上司それぞれが具体的なやり取りをしている行動計画コメント事例（図表4－28参照）を参考例としてあげています。

第4章 人材選抜・育成に向けた人材アセスメントの活用

● 図表4-28 行動計画コメント事例 ●

①抽象的なコメント例

本人の記述	上司のアドバイス
自分自身の意見を頭の中で整理したうえで、周囲に発信することが苦手である。周囲の意見に流されずに、自分の考えをまとめたうえで、自信を持って意見を発信していく。	自分の意見を明快に伝えられない原因があるはずであり、継続して努力してほしい。

上記やり取りの問題点：
本人コメントを見ると、自分を変えていきたいという思いはわかるが、具体的にどのように自己革新に取り組むのかを記述できていない。上司も具体的な解決策を提案することなく、表面的な指導コメントで終わっている。

②具体的なコメント例

本人の記述	上司のアドバイス
自分の担当業務についての問題点を抽出し、課題解決に向けた能力を磨き上げる。具体的には今後半年の間に、自分が先頭に立って職場課題を見出し、改善案を取りまとめて上司に提案する。	まずは問題分析力、課題解決に向けた方法論を身につけること。5W1Hといった問題整理のフレームワークを勉強したうえで職場課題を取りまとめてほしい。

上記やり取りの良い点：
本人コメントは期限を区切って何に取り組むのかを明確に記述している。上司コメントも、その実現に向けて何について勉強すべきなのかを具体的に指導している。

3. アセスメント結果の全社的な活用

　本人の自己革新を促すためには、アセスメントを実施する人事部が行動計画の進捗状況に関心を持つことも大切です。
　アセスメント受検者の成長度合いについて上司へ定期的にヒアリングを行うだけではなく、過去のアセスメント受検者の中で具体的な自己革新を果た

した事例を収集し、本人の行動計画の内容や上司のコメント、フォロー方法など、成功事例の背景にどのような要因があるのかを分析することが重要です。また、自己革新につながった好事例を全社的に共有化して、アセスメントを通じた人材育成のあり方について、全社的な意識づけを図ることも重要です。

参考：アセスメント実施企業における導入目的と実施内容

アセスメントを実施している企業が、何をきっかけとして導入したのか、どのような内容で実施しているのかという点については、さまざまなパターンがありますが、代表的なケースについて、以下のアセスメント導入事例（図表4－29参照）の枠組みを使って紹介します。

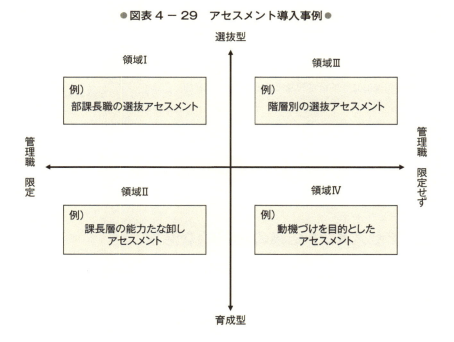

●図表4－29　アセスメント導入事例●

縦軸はアセスメントの目的が人材選抜なのか、人材育成に重きを置いたのかという軸になります。横軸はアセスメント対象者を管理職、もしくは管理職候補に限定して実施しているのか、特に管理職に限定せずに、さまざまな階層で実施しているのかという軸で4つの領域に区分けをしてみました。以下に、それぞれの領域に該当する事例をあげます。

1）部課長職の選抜アセスメント事例（領域Ⅰ）

〔管理職層の実力を見極めるためにアセスメントを導入した事例〕

以前から年功運用を行ってきた経緯もあり、部課長層それぞれの階層においてマネジメント力に大きなバラツキがあり、一度、それぞれの役職にアセスメントを実施して、対象者の実力をたな卸ししたうえで、実力が伴わないと判断された管理職は降職を視野に入れた。

ただし、アセスメント研修の結果だけで決めるのではなく、その後1年かけて自己革新にチャレンジし、自己革新ができていない場合に限って降職させるか否かを会社として判断するというシナリオで実施した。また、アセスメント研修後の1年間については上司の関与も重要であるとして、アセスメント結果を直属の上司にも周知させて、本人の自己革新をフォローさせ、1年後に役員報告を行い、どれだけ自己革新ができたのかを見極めた。

〔アセスメントだけでなく自職場の構想と実践も選考審査に課した事例〕

アセスメントの位置づけは、あくまでも対象者の昇格審査のスタート場面であり、アセスメント結果が芳しくなかった対象者を単純に落とすというよりも、その結果をどのように自己革新に向けて活用しようとしているのか、そして自分なりの職場構想を掲げて、半年間でどこまで実践できたのかどうかを最終審査で見極めた。

具体的には、以下のステップで実施した。
i　アセスメント結果を踏まえて、再度自分自身の強みと弱みを認識
ii　自職場の将来に向けた課題を整理して人事部にレポート提出

> レポート内容の例
> 　3年先を見据えた自職場状況の整理、ありたい姿の設定、そのための問題点と課題の整理、自らの自己革新に向けて何を自分自身に課していくのか等

iii　半年間にわたる自職場課題への取り組み
iv　各部署の部門長が集まった場で最終的な実践結果の報告、質疑応答（最終選考の場）

2）課長層の能力たな卸しアセスメント事例（領域Ⅱ）
〔支店長（課長相等ランク）の能力開発事例〕
　日本全国において支店網整備を急拡大で行ってきたが、支店長としてのマネジメント能力にバラツキがあり、一定水準までの底上げが経営課題となっていた。
　これまでの評価制度では支店業績を重視していたが、今後はマネジメントに関わるスキルや人材育成についての評価ウエイトを高めたい。これに合わせてアセスメントを通じて受検者自身のリーダーシップ上の課題を意識させて自分自身を変えてもらうことをねらいとした。
　第一段階としてマネジメントに関わる知識・スキルの習得を目的に教育研修を実施。第二段階としてアセスメントを実施して意識面の変化を促した。

3）階層別の選抜アセスメント事例（領域Ⅲ）
〔2つの階層においてアセスメントを実施した事例〕

以前から課長任用層へのアセスメントを実施してきたが、社長、役員向けのアセスメント報告会で指摘される課題が、問題分析力が弱い、あるいは周囲を巻き込む力が弱いなど、いつも同じ指摘を受けており、この状況を打開するために課長任用段階でのアセスメントだけではなく、もっと若い係長任用段階でもアセスメントを実施し、早い段階から自分の力量を確認する機会を設けて、自己課題の克服に取り組ませることとした。

〔管理職任用前に複数回のアセスメントを実施した事例〕
　管理職手前の主任層に対して、1回限りのチャレンジではなく、数年かけて本人の成長を見ていきたいとして、対象者に対するアセスメント研修を2回実施した。
　1回目はマネジメントに関する基礎知識を研修形式で教え込んだうえでアセスメントを実施して自己課題を抽出させた。数年後、上司のフォローを通じて、対象者が自身の課題をどのように克服し、どこまで能力が高まったのかを2回目のアセスメントで確認したうえで、最終的な管理職への昇格選考を実施した。
　直属の上司がどのようなフォローを行ったのかを情報としてデータベース化し、上司のフォローについての好事例も共有化した。

4）動機づけを目的としたアセスメント事例（領域Ⅳ）
〔昇格滞留者への動機づけ策として実施した例〕
　以前と比べて、社員の平均年齢が45歳と高齢化しており、ポスト不足などによって管理職相当の等級に昇格できない社員も増えている状況にあった。「私はもうこの仕事をやっていれば結構」と考える社員も多く、この層の活性化が重要なテーマであり、管理職手前の階層での滞留者をいかに動機づけさせるのかが当社の命運を握るとの認識から、今一度、自己革新を働きかける仕組みとしてアセスメントを導入した。

具体的には、以下のステップで実施した。

i　アセスメント研修の実施と、個人結果レポートについての上司報告会の実施

ii　個人レポートを読み込んで自己革新計画を作成

iii　各人の進捗状況を人事と上司がフォロー

iv　どれだけ本人が自己革新したのかを追跡調査し、好事例を社内公表

演習：セルフアセスメント（自己診断）

◇セルフアセスメント：強みと弱みの評価項目の行動事実を把握して対応を考える

セルフアセスメント（自己診断シート）

	チェックポイント（評価項目）	5	4	3	2	1
		高いときの特徴		～		低いときの特徴
1	主体性	5	4	3	2	1
		自分の考えで行動し責任も負う				指示されて動くだけ
2	しなやかさ	5	4	3	2	1
		柔軟的に思考、行動する				枠にとらわれている
3	発言内容のわかりやすさ	5	4	3	2	1
		単純明快である				曖昧模糊としている
4	説得訴求力	5	4	3	2	1
		納得させられる				理解させられない
5	ものの考え方	5	4	3	2	1
		多面的・視野が広い				一面的・視野が狭い
6	問題のとらえ方	5	4	3	2	1
		的確で分類できている				的を射ず羅列している
7	傾聴姿勢	5	4	3	2	1
		しっかりと耳を傾けている				聞こうとしていない
8	チャレンジ完遂	5	4	3	2	1
		最後まであきらめずにやり遂げる				すぐあきらめてしまう
9	他者を揺さぶる力	5	4	3	2	1
		強く影響を与えている				影響を与えていない
10	チャレンジ意欲	5	4	3	2	1
		果敢に挑戦している				すぐ引いてしまう

第4章 人材選抜・育成に向けた人材アセスメントの活用

◇セルフアセスメントを終えたら、皆さんが重要だと思う強みと弱みの評価項目を2つずつ挙げて、それぞれの評価項目について思い当たる行動事実を記述してみましょう（下記の自己対応シート参照）。そして今後どのような対応をとっていけばよいのか、考えてみましょう。

セルフアセスメント（自己対応シート）
○私の強みの評価項目

	評価項目	思い当たる行動事実	今後の対応
1			
2			

●私の弱みの評価項目

	評価項目	思い当たる行動事実	これからの対応
1			
2			

索　引

■ あ行 ■

あいまいな言葉　*60*
アセスメント　*17*
アセスメントセンター方式　*20・188・194*
アセスメントセンター方式における評価項目　*200*
アセスメントセンター方式の基本手順　*197*
アセスメントセンター方式の対象者　*195*
アセスメントセンター方式のプログラムの特徴　*198*
アセスメントツール　*190*
アセスメントデータ　*207*
アセスメントフォロー研修　*210・224*
アセスメントプレ研修　*210・222*
アセッサー　*193*
ありたい姿　*46*
エンプロイアビリティー　*191*
陥りやすい心理的エラー　*150*

■ か行 ■

課題　*51*
課題形成　*41*
課題形成の整理事例　*44*
課題形成のための問いかけ　*43*
課題形成の手順　*38*
課題形成のプロセス　*39*
課題形成ワークショップ　*227*
課題整理のマトリクス図　*53*
課題設定　*33*
課題の具体化フロー　*65*
課題の整理　*52*
課題の抽出　*50*
課題の優先順位づけ　*53*
環境分析　*45*
期待水準　*113*
キャリアデザイン　*225*
業務活動とメンバーのフォロー　*35*
グローバル化の進展　*5*
クロスレビュー　*166*
経営理念　*11*
検証　*105・106*
検証のフィードバック　*178*
行動改善　*145*
行動計画　*231*
行動計画作成までの流れ　*235*
行動計画の実践とフォロー　*231*
行動事実　*152*
行動評価　*143*
行動評価の手順　*146*
行動評価のねらい　*145*
行動評価の評価基準　*118*
個人別報告書　*232*
雇用形態の多様化　*6*
コンセプチュアル・スキル　*39・40*

■ さ行 ■

査定　*105*
査定のフィードバック　*176*
産業界の人事制度　*2*
産業界の人事制度の変遷　*2*

3C	45	成果主義賃金制度	4
3Cによる環境分析	45	成果創出スキル	201
自己検証	159	成果創出への志向性	201
自己査定	159	成果の評価	35
自己診断	243	成果配分	4・7・11
自己診断シート	243	成果評価	138
自己説明責任	125	成果目標の設定	15
自己対応シート	244	成長に向けたPDCAサイクル	156
仕事の管理	29	成長目標	14
自己評価	158	成長目標の設定	15
事後評価	16	絶対評価	136
事実押さえ	116	説得の3要素	75
事前評価	17	セルフ・アカウンタビリティ	125
情動性	77	セルフ・アカウンタビリティシート	123
職場運営適性	202	セルフアセスメント	243
人材アセスメント	17・20・188	全体報告書	218
人材育成	145	相互評価	166
人材育成の視点	18	相対評価	136
人材育成の側面	13	双方向のコミュニケーション	69
人材選抜に向けた評価	17・19	組織貢献	4・7
人材像	14	組織貢献度	140
人材の育成	133	組織目標	11
人事管理	4	組織目標の具体化	33・56
人事管理上の重要課題	7		
人事制度活用のプロセス	9	■ た行 ■	
人事制度の活用フロー	10	多面観察評価	191
人事データ	207	短期的評価	16・17
進捗管理	12・121	短期目標	58
進捗報告シート	123・128	中期目標	58
信頼性	77	中長期的評価	19
成果開発	11	定性目標	59
成果開発の側面	11	テクニカル・スキル	40
成果主義	3	等級基準	14

等級制度　　*14*

■ な行 ■

納得性の向上　　*169*
ネガティブ・フィードバック　　*169*
ネガティブ・フィードバックの留意点
　　180
年功主義　　*2*
年功主義賃金制度　　*3*
納品要件　　*61*
能力主義　　*3*
能力主義賃金制度　　*3*

■ は行 ■

ハードルと乗り越え方　　*66*
判断基準　　*117*
PDCAサイクル　　*9・30*
PDCAサイクルの基本的な流れ　　*31*
人の管理　　*29*
ヒューマン・スキル　　*40*
評価　　*13・105*
評価項目定義一覧の全体図　　*202*
評価制度の活用目的　　*104*
評価の基本原則　　*112・119・183*
評価の納得性　　*35・146*
評価のバラツキ　　*166*
評価の振り返り　　*14*
評価面談の意味と進め方　　*161*
品質要件　　*61*
フィードバック　　*35・169*
フィードバックシート　　*184*
フィードバックで伝える内容　　*182*
プロセス　　*18*
プロセス重視の視点　　*18*

プロセス成果　　*130*
プロセス成果の創出　　*133*
報告会　　*218*

■ ま行 ■

マネジメント　　*9*
メンバーの指導・育成　　*155*
メンバーへの落とし込み　　*34・69*
メンバー目標のチェック・承認　　*34・82*
目標　　*56・57*
目標設定段階の概要　　*33*
目標設定の流れ　　*57*
目標設定のレベルアップ　　*89*
目標設定の枠組み　　*57*
目標設定面談　　*83*
目標に取り組む意味　　*70*
目標による管理　　*12・18・26*
目標による管理における悩み　　*27・28*
目標による管理の目的　　*28*
目標の達成基準　　*59*
目標のチェックポイント　　*86*
目標の難易度　　*138*
問題　　*51*

■ や・ら・わ行 ■

やりがいの醸成　　*133*

利害関係者　　*48*
労働力人口　　*4*
労働力人口の減少　　*4*
論理性　　*76*

ワークショップ　　*222*

■ 監修者・執筆者紹介 ■

【監修・執筆者】

額賀　剛（ぬかが　たけし）
[監修、第1章、第3章担当]
学校法人産業能率大学総合研究所　経営管理研究所　人事研究センター長・主席研究員
早稲田大学商学部卒業後、銀行勤務を経て学校法人産業能率大学に入職。人事制度の構築、運用、定着のコンサルティング、人材アセスメント研修、マネジメント研修を中心に活動。

【執筆者】

中村　克之（なかむら　かつゆき）
[第2章、第4章5節担当]
学校法人産業能率大学総合研究所　経営管理研究所　主幹研究員
明治大学経営学部卒業後、コンサルティングファーム勤務を経て学校法人産業能率大学に入職。
人事制度の構築、運用、定着のコンサルティング、人材アセスメント研修と行動革新の支援、目標による管理のブラッシュアップを通じたマネジメント支援を中心に活動。

柳原　愛史（やなぎはら　あいし）
[第4章1節〜4節担当]
学校法人産業能率大学総合研究所教授　経営管理研究所　主席研究員
立命館大学法学部卒業後、総合小売事業勤務を経て学校法人産業能率大学に入職。
人事制度の構築、運用、定着のコンサルティング、人材アセスメント研修（プレ研修・本研修・フォロー研修）、マネジメント研修を中心に活動。

〜お問い合わせ先〜

(学)産業能率大学総合研究所　https://www.hj.sanno.ac.jp

＊具体的なコンサルティングの内容について、より詳細な内容をご希望される場合は、下記宛にご連絡いただければ幸いです。

・普及事業本部 マーケティング部 マーケティングセンター
　　TEL 03-5758-5117

【(学) 産業能率大学総合研究所　普及事業本部】

第1普及事業部(東京)	03-5758-5111
第2普及事業部(東京)	03-5758-5114
第3普及事業部(東京)	03-5758-5100
東日本事業部(東京)	03-3282-1112
東北事業センター(仙台)	022-265-5651
中部事業部(名古屋)	052-561-4550
西日本事業部(大阪)	06-6315-0333

―――
「SANNOマネジメントコンセプトシリーズ」について

"SANNOマネジメントコンセプトシリーズ"とは、マネジメントの総合教育・研究機関である（学）産業能率大学が、これまで研究活動とその実践で培ってきた（マネジメントの）諸テーマに関する理論（考え方）とその方法論について、実務に生かせる実践的ビジネス書としてまとめ、シリーズ化して刊行されたものです。
―――

人事制度活用の"勘どころ"
―目標による管理・人事評価はうまくできてますか？―　　　〈検印廃止〉

編著者	（学）産業能率大学総合研究所　人事システム開発プロジェクト
監修者	額賀　　剛
発行者	坂本　清隆
発行所	産業能率大学出版部
	東京都世田谷区等々力6-39-15　〒158-8630
	（電　話）03（6432）2536
	（FAX）03（6432）2537
	（URL）https://www.sannopub.co.jp/
	（振替口座）00100-2-112912

2015年2月28日　初版1刷発行
2024年8月15日　　　　3刷発行

印刷所・製本所／株式会社マツモト

（落丁・乱丁はお取り替えいたします）　　ISBN 978-4-382-05718-0
無断転載禁止

i